KB134619

10시간 만에 배우는

세계사

CHU KO 6NENKAN NO SEKAISHI GA 10JIKAN DE ZATTO MANABERU

© Masakatsu Miyazaki 2016
First published in Japan in 2016 by KADOKAWA CORPORATION, Tokyo.
Korean translation rights arranged with KADOKAWA CORPORATION, Tokyo
through ENTERS KOREA CO., LTD.

이 책의 한국어판 저작권은 (주)엔터스코리아를 통해 저작권자와 독점 계약한 탐나는책에 있습니다.
저작권법에 의하여 한국 내에서 보호를 받는 저작물이므로 무단전재와 무단복제를 금합니다.

미야자키 마사카츠 지음

박현지 옮김

10시간 만에 배우는

핵심만 쏙쏙 뽑아 마스터하는 세계의 역사

세계사

탐나는책

세계는 텔레비전이나 신문에서 보도하듯 복잡하고 이해하기 어려운 시대로 들어섰습니다. 그래서 현대를 이해하는 데 어떻게든 도움을 받고자 '세계사' 공부 열풍이 불고 있습니다. 하지만 수험용으로 외운 세계사 지식은 좀처럼 도움이 되지 않습니다. 현대를 이해하려면 전체를 파악하고 응용할 수 있는 기초적인 세계사가 필요합니다.

'쉽게 이해할 수 있다'는 말은 과거와 현재가 어떻게 연결되어 있는지 파악할 수 있다는 뜻입니다. 수험용 세계사 책과는 다른 구성이 필요했습니다.

이 책은 신체를 '심장', '뇌', '위장', '허파' 등으로 구분해서 각각의 장기(=각 나라)를 조사하는 서양의학 같은 방법이 아니라, 신체 전체(=세계 전체)가 어떻게 변화해왔는지를 생각해 보는 동양의학의 방법을 택했습니다. 수험서와는 다르게 세계사를 '시대마다 변화한 세계'의 연속으로 보는 것이지요.

이 책은 세계사를 파악하는 데 필요한 요소를 20장(章)으로 간추렸습니다. 한 장을 읽는 데에 30분 정도가 걸리니 총 10시간이면 세계사를 개략적으로 파악할 수 있도록 썼습니다. 구성(=목차)을 알기 쉽게 만드는 데 가장 힘을 쏟았습니다. 세계사의 큰 흐름을 이해하려면 많은 내용을 단순하게 묶는 것이 중요하니까요.

각 장의 첫 부분에는 그 장에서 다룰 전체상이 그려지도록 지도를 넣었습니다. 그 지도를 잘 보고 나서 이어진 내용을 읽으면 좀 더 이해하기 쉬울 겁니다.

문장은 되도록 평이하게 쓰고 흐름도, 지도도 함께 사용해 독자들이 내용을 금방 이해할 수 있도록 구성했습니다. 이미 세계사를 공부한 분이 이 책을 읽을 경우도 감안해 일정 수준의 역사 지식이나 용어는 제외하지 않았지만, 수험용 지식은 최대한 배제했습니다.

문명이 태어난 이래 5000년의 세계사라고 말하면 공부하기 벅찬 규모로 느껴질 수도 있습니다. 하지만 문명이 싹튼 시기부터 약 160여 세대, 대항해 시대부터 약 17세대, 제1차 세계 대전부터는 약 3세대, 인터넷이 보급한 1990년대부터는 30년도 채 지나지 않은 세계의 역사입니다. 너무 어려운 책을 읽는다 생각하지 마시고 즐겁게, 각 시대의 세계사 이미지를 그려가며 읽어주시면 좋겠습니다.

미야자키 마사카츠

목차

들어가는 글 : 004

제1부 인류의 탄생부터 문명의 탄생까지

1. 동아프리카 지구대에서 뻗어나간 세계
01 동아프리카 지구대에서 세계로 퍼진 인류 : 012
02 동아프리카에서의 인류 등장과 진화 : 014
03 세계사의 첫걸음 '농업 혁명' : 016
04 '도시 혁명'이 만들어낸 문명 : 018

2. 건조지대의 4대 문명
01 건조지대에서 탄생한 인구 밀집 지역 : 020
02 농경민과 목축민의 대립 : 022
03 이집트 문명 : 024
04 메소포타미아 문명 : 026
05 인더스 문명과 갠지스 문명 : 028
06 황하 문명과 춘추 전국 시대 : 030

제2부 제국과 여러 지역 세계의 형성

3. 페르시아 제국과 로마 제국
01 유라시아에서 탄생한 네 개의 대제국 : 034
02 최초의 대제국 페르시아 : 036
03 그리스 세계 : 038
04 세계를 바꾼 알렉산드로스 원정 : 040
05 로마 제국의 지중해 통일 : 042
06 로마 제국의 쇠퇴와 크리스트교 : 044

4. 인도 제국과 중국 제국
01 유라시아 지역들과 격리된 인도·중국 : 046
02 갠지스강 유역의 마우리아 왕조와 굽타 왕조 : 048
03 진·한나라와 중화 질서 : 050
04 오호의 진출로 바뀐 동아시아 세계 : 052
05 최강 농업 제국, 수나라와 당나라 : 054
06 당송 변혁과 눈부신 경제 성장을 이룩한 송나라 : 056

5. 유목민 '폭발'의 시대
01 이슬람 제국과 몽골 제국 : 058

03 이슬람 상업권의 유라시아화 : 062

05 초거대 제국 몽골 : 066

02 이슬람 교단과 이슬람 제국 : 060

04 튀르크인이 주역이 된 세기와 십자군 : 064

6. 각지에서 재건된 초거대 제국
01 아시아에서 재건된 네 개의 거대한 유목 제국 : 068

03 최대의 중화 제국, 청나라 : 072

05 두 세계를 통합한 오스만 제국 : 076

02 중화 사회의 재건을 도모한 명나라 : 070

04 티무르 제국과 무굴 제국 : 074

06 러시아 제국과 시베리아 정복 : 078

제3부 해양 세계의 확장과 유럽의 발흥

7. 대항해 시대와 팽창하는 세계
01 대항해 시대와 설탕과 은 : 082

03 정복당한 아스테카와 잉카 : 086

05 세계 각지로 흘러든 대량의 은 : 090

02 대항해 시대 : 084

04 설탕 농장과 자본주의 경제 : 088

8. 르네상스와 종교 개혁
01 세계사 속 르네상스와 종교 개혁 : 092

03 절대주의 시대 : 096

05 영국과 프랑스의 식민지 전쟁 : 100

02 르네상스와 종교 개혁 : 094

04 네덜란드에서 영국으로 옮겨간 패권 : 098

9. 시민 혁명과 산업 혁명
01 환대서양 세계의 변혁 : 102

03 프랑스 혁명 : 106

05 면직물과 산업 혁명 : 110

02 미국 독립 전쟁과 환대서양 혁명 : 104

04 나폴레옹 시대 : 108

제4부 세계 질서를 전환한 19세기

10. 탈바꿈한 유럽
01 19세기 유럽의 사회 변동 : 114
02 빈 체제의 성립과 붕괴 : 116
03 철도와 유럽의 공업화 : 118
04 변해가는 중유럽 / 이탈리아와 독일의 통일 : 120
05 제2차 산업 혁명과 대불황 : 122

11. 전 세계로 확대된 식민지
01 융성한 대영 제국 : 124
02 무너진 오스만 제국 : 126
03 대영 제국에 편입된 인도 : 128
04 두 차례 일어난 아편 전쟁 : 130
05 유럽 열강의 아프리카 분할 : 132

12. 떠오르는 세력, 미국
01 해양 제국으로 변신한 미국 : 134
02 대륙 국가로의 변모 : 136
03 남북 전쟁과 미국 통일 : 138
04 서부 개척과 도금 시대 : 140
05 태평양에서 아시아를 노리다 : 142

13. 제국주의 시대와 대립 심화
01 대불황에서 제1차 세계 대전으로 : 144
02 영러 대립과 3C 정책·3B 정책 : 146
03 청일 전쟁과 러일 전쟁 : 148
04 청나라의 멸망과 군벌 난전 시대로의 이행 : 150
05 골드러시와 남아프리카 전쟁 : 152

제5부 20세기에 두 차례 일어난 세계 대전

14. 제1차 세계 대전
01 미국의 대두와 베르사유 체제 : 156
02 총력전과 유럽의 몰락 : 158
03 러시아 혁명 : 160
04 베르사유 체제 : 162
05 깨어나는 아시아 : 164

15. 세계 대공황과 경제 위기의 증대

01 세계 대공황이 가져온 자원 약소국의 위기 : 166   02 세계 대공황 : 168

03 블록 경제와 파시즘 : 170   04 베르사유 체제의 붕괴 : 172

05 만주 사변과 중일 전쟁 : 174

16. 제2차 세계 대전

01 영토 분쟁이 불러들인 두 차례의 세계 대전 : 176   02 제2차 세계 대전의 발발 : 178

03 독소 전쟁에서 태평양 전쟁으로 : 180   04 연합국의 반격과 전쟁 국면의 전환 : 182

제6부 달러 패권에서 글로벌 경제로

17. 미국 중심의 전후 질서

01 냉전 구조와 세 갈래로 나뉘진 세계 : 186   02 패권 국가가 된 미국 : 188

03 40년간 이어진 냉전 : 190   04 제3세력과 남북문제 : 192

05 사회주의 중국과 한국 전쟁 : 194   06 중동 전쟁 : 196

18. 전후 질서의 붕괴

01 달러 위기와 석유 위기에서 시작된 세계 변동 : 198   02 베트남 전쟁과 닉슨 쇼크 : 200

03 석유 위기와 경제의 세계화 : 202   04 소련의 붕괴와 냉전 종결 : 204

19. 글로벌 시대

01 제국 체제에서 오늘날까지 확장된 공간 : 206   02 정보 혁명과 지구를 뒤덮은 전자 공간 : 208

03 아시아 NIES의 대두 : 210   04 EU와 경제 광역화 : 212

20. 벽에 직면한 세계

01 리먼 쇼크와 세계 경제의 변동 : 214   02 이란 혁명에서 걸프·이라크 전쟁으로 : 216

03 발흥하는 중국 경제 : 218   04 리먼 쇼크와 세계 경제의 미미한 성장 : 220

맺음말 : 222

제1부

인류의 탄생부터
문명의 탄생까지

01 동아프리카 지구대에서 세계로 퍼진 인류

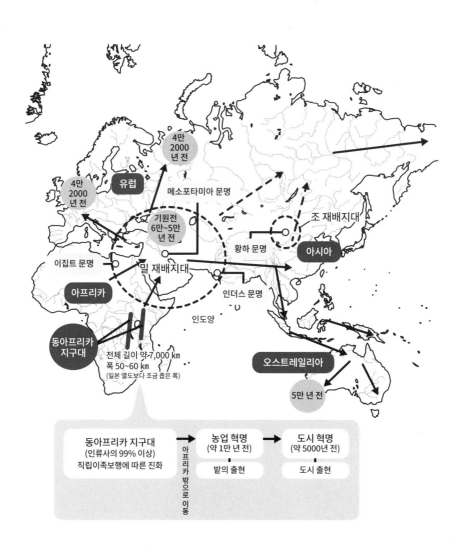

인류는 동아프리카 지구대(지구대란 지각의 균열에 의해 형성된 골짜기다. 동아프리카 지구대는 세계 최대이자 대표적인 지구대로, 인류의 발상지로 추정된다)를 '고향'으로 삼고 살았지만, 빙하가 나타나며 생활 조건이 악화되자 북쪽으로 이동했습니다. 많은 인류가 동아프리카에서 서아시아로 이주했지만, 일부는 수렵·채집생활을 이어가며 매우 오랜 세월 동안 다양한 지역으로 이동했습니다. 빙하기에는 해수면이 낮아지면서 대륙에서 대륙으로 이동할 수도 있었습니다.

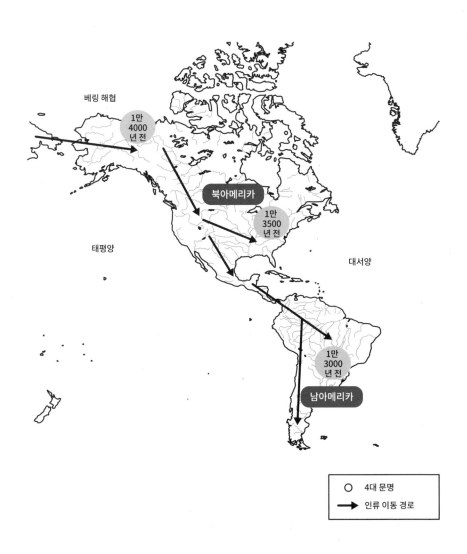

02 동아프리카에서의 인류 등장과 진화

동아프리카 대지를 남북으로 약 7,000킬로미터 가로지른 균열, **동아프리카 지구대**(Great Rift Valley). 이곳은 인류사의 99%를 차지할 정도로 긴 세월 동안 사람들에게 '세계'이자 '세계사'의 무대였습니다.

가장 오래된 인류는 오늘날의 에티오피아에 살았던 **라미두스 원인**으로, 애칭은 아르디(Ardi, 정식 명칭은 아르디피테쿠스 라미두스로, 약 440만 년 전에 살았던 것으로 추정된다)였습니다. 신장 120센티미터에 체중 50킬로그램인 아르디는 그때 이미 우리처럼 **직립이족보행**을 했습니다. 유인원이 인류로 진화하는 사건은 약 450만 년 전에 시작된 것이지요. 약 250만 년 전에는 동아프리카 지구대 동부에 위치한 탄자니아 초원에서 오스트랄로피테쿠스(남쪽원숭이라는 뜻)가 출현했고, 동아프리카 지구대에 넓게 퍼졌습니다. **오스트랄로피테쿠스**는 인류 최초의 도구인 냇돌석기(강자갈을 조각내서 만든 뗀석기로, 역석석기라고도 한다)를 만든 것으로 알려져 있습니다.

약 20만 년 전, 세계 각지로 퍼져 사는 현재 인류의 직접적인 선조 **호모 사피엔스**('슬기로운 사람'이란 뜻)가 동아프리카 지구대에 드디어 출현합니다. 호모 사피엔스의 일부는 약 10만 년 전 악화된 자연환경을 피해 동아프리카 지구대의 북쪽 끝인 시리아에서 아프리카 북부와 서아시아의 **건조지대**로 이주했고, 그곳이 새로운 세계사의 무대가 되었습니다. 또한 '위대한 여정(The Great Journey)'을 떠나 지금과 같은 지구촌 규모로 거주공간을 확대했습니다.

1만 5000년 전에는 해수면이 낮아지며 육지와 이어지게 된 베링 해협을 넘어, 두께 3,000미터의 얼음이 퇴적된 북아메리카로 남하했습니다. 이와 비슷하게 육지와 연결된 오스트레일리아로도 이주했습니다.

키워드 **위대한 여정**(The Great Journey)
아프리카에서 탄생한 인류의 선조가 아주 오랜 시간을 들여 지구 전체로 퍼져나간 사건.

세계사의 시작

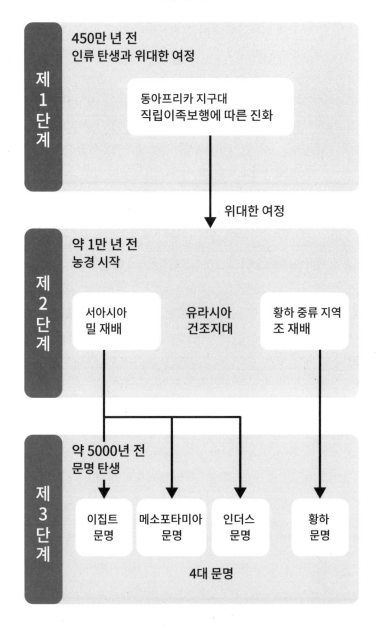

제1단계

450만 년 전
인류 탄생과 위대한 여정

동아프리카 지구대
직립이족보행에 따른 진화

위대한 여정

제2단계

약 1만 년 전
농경 시작

서아시아
밀 재배

유라시아
건조지대

황하 중류 지역
조 재배

제3단계

약 5000년 전
문명 탄생

이집트
문명

메소포타미아
문명

인더스
문명

황하
문명

4대 문명

03 세계사의 첫걸음 '농업혁명'

약 1만 년 전 마지막 빙하기가 끝나고 온난화가 일어나기 시작한 때, 세계사의 새로운 무대가 북아프리카에서 서아시아의 **유라시아 대건조지대**로 옮겨갔습니다. 세계사와 '건조'의 운명적 만남이지요.

대건조지대는 적도 부근에서 발생한 적란운(소나기구름이라고도 하며 번개, 우박, 강수 등 악천후를 일으키는 거대한 구름이다)이 비를 내렸다가 땅이 바싹 말라 북위 30도, 남위 30도 부근에 하강기류가 연중 이어지며 만들어졌습니다(하강기류는 기온 상승과 수증기 증발을 유발해 열대고압지구를 만듦). 우리 인류는 자연의 순환 속에서 살고 있는데, 그중 지구의 대기 순환은 해수를 증발시키면서 염분을 제거해 담수를 만들고, 그 담수를 비로 각지에 배달하는 거대한 **담수 제조·분배 장치**라 할 수 있어요. 그러나 이 혜택을 받지 못하는 광활한 지역이 존재했는데, 그게 바로 동아프리카 지구대와 이어진 대건조지대였습니다.

대건조지대에서 살 수밖에 없던 사람들은 빙하기가 끝나고 건조기후가 극심해진 약 1만 년 전부터 대형동물이 멸종되며 수렵·채집을 하지 못할 위기에 봉착했습니다. 사람들은 그 위기를 극복하기 위해 시리아와 요르단 지역에서부터 건조기후에 강한 볏과 식물인 밀을 재배하고 그 종자(곡물)에 기대는 생활을 널리 퍼뜨렸습니다. 그 생활은 위기 때문에 어쩔 수 없이 선택한 대응이었지만 **농업**이라는 새로운 생활양식을 만들어냈고, '**밭**'을 탄생시켰습니다.

'밭'은 수확할 때까지 '정착'해야 했기 때문에, 인류 사회는 '**이주**'를 기본으로 하는 생활에서 '정착' 생활로 대전환을 맞이했습니다. 농업과 함께 일어난 사회 변화를 '<u>농업 혁명</u>', '식량 생산 혁명', '정착 혁명'이라 부르는 것은 농업이 그만큼 큰 변혁점이기 때문입니다. 이 시대를 도구 변화의 시점에서 신석기 혁명이라 부르는 경우도 있습니다.

키워드 농업 혁명

농업이 채집 단계에서 식량 생산 단계로 비약적 발전을 이룬 사건.

건조지대에서 시작된 농업

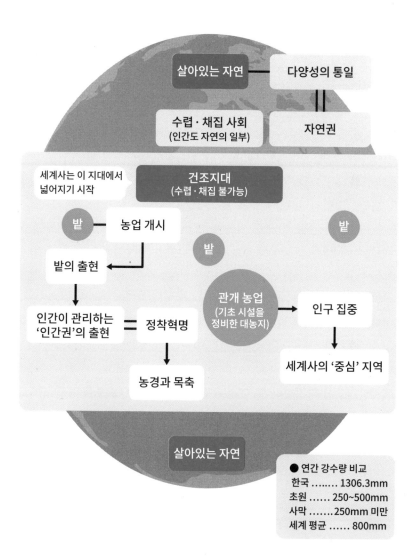

살아있는 자연 ── 다양성의 통일

수렵·채집 사회
(인간도 자연의 일부) ── 자연권

세계사는 이 지대에서
넓어지기 시작

건조지대
(수렵·채집 불가능)

밭

농업 개시

밭

밭의 출현

밭

관개 농업
(기초 시설을
정비한 대농지) ── 인구 집중

인간이 관리하는
'인간권'의 출현 ── 정착혁명

농경과 목축

세계사의 '중심' 지역

살아있는 자연

● 연간 강수량 비교
한국 1306.3mm
초원 ...... 250~500mm
사막 ....250mm 미만
세계 평균 800mm

04 '도시 혁명'이 만들어낸 문명

농업 혁명이 시작되고 수천 년이 지난 후, 인구가 증가하며 '밭'이 심각하게 부족해졌습니다. 사람들은 이 문제를 해결하기 위해 기초 시설을 정비해서 **하천의 '물'을 조절**하여 대규모로 '밭'(2차적 농지)을 만들어냈습니다. 물이 풍부한 곳에서 산다면 그 소중함을 느끼지 못하겠지만, 건조지대에서는 많은 인원을 동원하여 조직적으로 큰 강의 물을 조절하는 일이 반드시 필요했습니다.

사람들은 '신' 또는 '신의 대리인'이라 칭하는 세습제 **'왕'**의 밑에서 힘을 합쳐 수로, 배수구, 제방 등 기초 시설을 정비하고 **관개 농업**을 통해 인구 밀집 지역을 조성했습니다. '관개'란 식물을 키우려는 목적으로 인공적으로 물을 끌어와 밭을 만드는 작업입니다.

왕이나 신관의 권위, 관료의 기술과 계획에 따라, 변변치 않은 도구를 사용하지만 많은 사람들을 동원하여 해결하는 전략인 인해전술로 '강의 물'을 농업에 대량 이용하는 시스템이 생겼습니다. 이윽고 관개 공사를 지휘하는 중심부는 성벽을 쌓은 **도시**로 성장했습니다. 도시가 성립되며 일어난 사회 변화를 **'도시 혁명'**, 도시를 중심으로 한 광역 문화를 **'문명'**이라 부릅니다.

도시는 농촌에 '물'을 공급했지만, 내부에서 식량을 자급할 수는 없었습니다. 농촌은 식량을 세금으로 납부했고, 도시와 그 주변에 위치한 군락들은 서로 주고받는 관계로 맺어졌습니다. 도시는 법률, 군대, 종교, 관료제 등을 정비하고 주변 군락들을 지배할 시스템을 만들었습니다. 약 5000년 전, 국가가 탄생한 순간입니다.

키워드 **국가**
일정한 공간의 녹지 사회에서 배타적인 통제를 펼치는 정치 조직.

도시 혁명은 '네트워크 혁명'

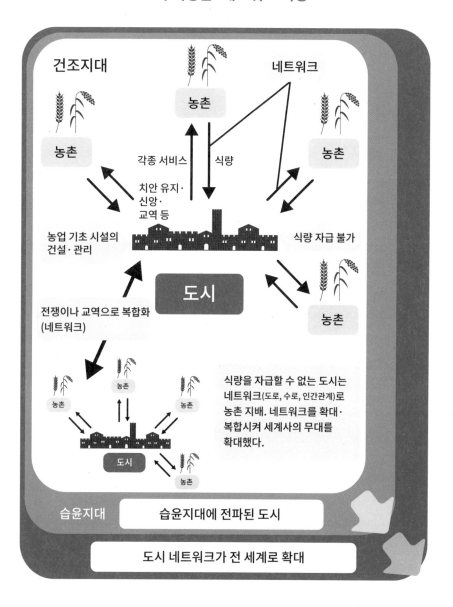

건조지대

네트워크

농촌

농촌

농촌

각종 서비스   식량

치안 유지·
신앙·
교역 등

농업 기초 시설의
건설·관리

식량 자급 불가

도시

농촌

전쟁이나 교역으로 복합화
(네트워크)

농촌

농촌

농촌

도시

농촌

식량을 자급할 수 없는 도시는
네트워크(도로, 수로, 인간관계)로
농촌 지배. 네트워크를 확대·
복합시켜 세계사의 무대를
확대했다.

습윤지대   습윤지대에 전파된 도시

도시 네트워크가 전 세계로 확대

01 건조지대에서 탄생한 인구 밀집 지역

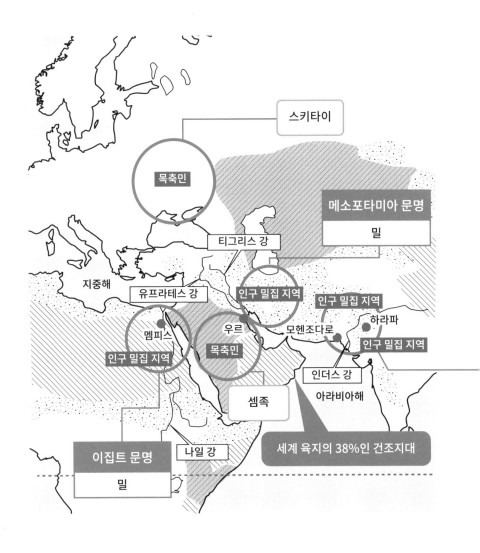

동아프리카 대지구대의 끝에 있던 건 유라시아의 대건조지대였습니다. 농경 사회와 목축 사회는 건조와 싸우면서 성장했습니다. 하지만 온난화 현상이 일어나며 건조가 한층 심해지자, 큰 강의 '물'을 이용한 관개 농업이 시작되었고 도시를 중심으로 한 인구 밀집 지역이 탄생했습니다(4대 문명). 도시 주변에 위치한 목축 사회는 상업과 전쟁을 통해 도시와 연을 맺었습니다.

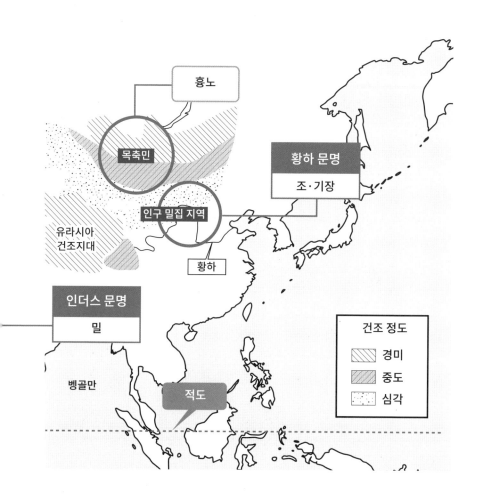

02 농경민과 목축민의 대립

유라시아에서는 '곡식을 생산할 수 있는 사람'과 '생산할 수 없는 사람'으로 나눠진 두 집단이 생겼습니다. 바로 **농경민**과 **목축민**입니다. 목축민은 이윽고 상인이나 말을 타는 군인 등으로 나눠졌습니다.

유라시아 남부 평야지대에 살던 농경민과 실크로드가 지나가는 북부 사막부터 초원에 이르는 지역에 살던 유목민은, 상호 의존과 대립, 저항의 역사를 반복하며 세계사를 역동적으로 움직여 갔습니다.

물이 부족해 농사지을 수 없는 초원(스텝 지대)이나 사막의 주변에서는, 수컷 주위에 암컷이 무리 지어 사는 습성을 지닌 **양, 소, 말 등의 소목(目) 동물**을 대량으로 사육하는 '목축'이 시작되었습니다. 목축민은 예전이라면 한꺼번에 죽였을 사냥감을 '무리'로 만들어 번식시켰고, 젖을 짜서 가공해 사용하며 그때그때 필요한 만큼만 도축해서 먹기 시작했습니다. 이런 목축 사회에서 농경 사회가 생산한 곡물은 꼭 필요한 것이었지요.

하지만 흑해 북안에서 활동하던 유목민 스키타이인이 말을 자유자재로 부리는 기마술과 말 위에서도 쏠 수 있는 활을 개발하자 양쪽의 군사 균형이 무너졌습니다. 이 '기마 유목민'은 출현한 이후 풍족한 농경 사회로 침략을 반복했고, **유목민이 농경민을 군사적으로 압도**하는 시대가 이어졌습니다. 7세기부터 19세기까지 유라시아 역사는 **유목민의 군사력이 육지 세계(유라시아)를 압도**한, 유목민의 침입으로 고통 받은 시대였습니다.

키워드 유목민

인류사회는 이동형과 정착형으로 나뉘는데, 유목민은 이동형이면서 목축을 생업으로 하는 사람들이나 민족을 가리킨다.

유라시아에서 생겨난 두 집단

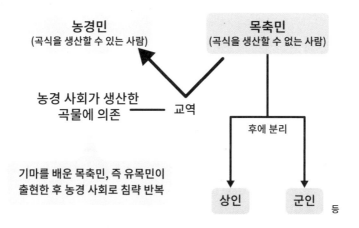

농경민
(곡식을 생산할 수 있는 사람)

목축민
(곡식을 생산할 수 없는 사람)

농경 사회가 생산한
곡물에 의존 ── 교역

후에 분리

기마를 배운 목축민, 즉 유목민이
출현한 후 농경 사회로 침략 반복

상인   군인 등

농경 세계와 유목 세계

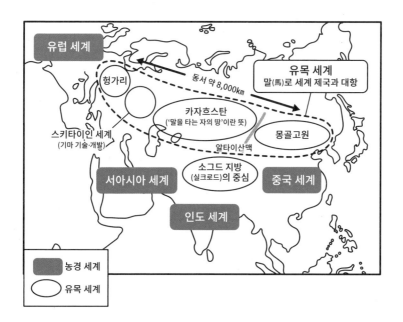

유럽 세계

헝가리

동서 약 8,000km

유목 세계
말(馬)로 세계 제국과 대항

스키타이인 세계
(기마 기술·개발)

카자흐스탄
('말을 타는 자의 땅'이란 뜻)

알타이산맥

몽골고원

서아시아 세계

소그드 지방
(실크로드)의 중심

중국 세계

인도 세계

■ 농경 세계
○ 유목 세계

03 이집트 문명

5000년 전부터 문명을 축적한 4대 문명은 세계사의 '중심' 지역이 되었고, 역사 흐름에 큰 영향을 끼쳤습니다. 지금부터 각각 개성이 넘치는 4대 문명을 차례대로 살펴봅시다.

먼저 이집트 문명입니다. 6월부터 중수기를 맞이하는 **나일 강**은 10월이 되면 감수기보다 11~12미터나 높은 수위로 차오르면서, 강에서 흘러넘친 물이 밭의 염분을 씻어내고 부엽토(나뭇잎 등이 미생물에 의해 부패, 분해되어 생긴 흙으로 배수가 좋고 수분과 양분이 많아 농사에 적합하다)를 퇴적시켰습니다. 이 현상은 수확이 끝나 양분이 줄어든 유역의 토지를 비옥한 농지로 재생시켰습니다. 덕분에 이집트는 고대에서 **가장 풍요로운 농업 문명**을 이룩했습니다. 고대 이집트어로 '국토'를 뜻하는 '켐트(Kemt)'는, 홍수가 옮겨온 비옥토의 색이란 뜻을 가진 '켐(Kem, 검은색)'이 어원입니다.

오늘날 세계에서 사용하는 달력의 기원도 이집트입니다. 이집트인들은 중수기에 해가 뜰 때쯤 샛별(시리우스)이 태양과 같은 곳에 위치한 것을 보고, 그날을 기준으로 1년을 365일로 정한 **태양력**을 만들었습니다.

또한 이집트 남부의 누비아(Nubia) 지방은 금을 풍족하게 캘 수 있는 곳으로, 고대 세계에서 유통된 금의 9할이 누비아산이었습니다.

이집트의 통치자인 **파라오**(왕)는 관료와 신관을 지휘하고 신으로서 나라를 다스렸습니다. 수확물의 약 20%를 세금으로 징수했고 상업도 통제했지요. 이집트는 사막, 바다, 폭포로 둘러싸인 **폐쇄적인** 나라였고, 기원전 6세기 페르시아 제국에 정복되기까지 **26개의 왕조**가 교체되었습니다. 나일 강이 간선 도로(수로)로서 동지중해로 갈 수 있는 유일한 경로였습니다.

키워드 파라오

처음에는 '큰 집', 즉 왕궁을 뜻했지만 곧 왕의 호칭이 되었다.

나일 강의 선물, 이집트

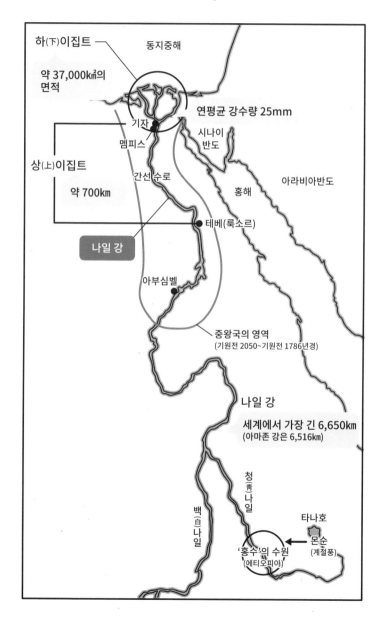

04 메소포타미아 문명

메소포타미아(Mesopotamia)는 그리스어 Meso(가운데)와 Potamos(강)의 합성어로, '강 사이에 있는 토지'를 뜻합니다. 여기서 말하는 강은 티그리스(Tigris)강과 유프라테스(Euphrates)강입니다. 오늘날의 이라크가 중심이 된 지역으로 밀 기반 세계의 역사를 주도했습니다.

메소포타미아 남부는 비를 가져오는 몬순(Monsoon, 계절에 따라 풍향이 바뀌는 바람이 광범위한 지역에 걸쳐서 부는 현상으로, 계절풍이라고도 함)의 덕을 거의 보지 못해, 터키 동부 고산지대에서 눈이 녹으며 생긴 물에 불안정적으로 의존해야 했습니다. 강의 유량 또한 매년 달라지고 계절마다 편차도 심했기 때문에, **돌발적으로 일어나는 홍수와 관성적인 물 부족**으로 골머리를 썩었습니다. 그 때문에 이집트와 다르게 메소포타미아에서는 가뭄에 대비한 저수지, 홍수에 대비한 제방과 배수로의 건설이 권력의 원천이 되었습니다.

메소포타미아에서 수메르(Sumer)인이 세운 **도시 국가**는, 수호신과 수호신을 모시는 제사장이 지배했습니다. 평지에 건설된 도시의 중심부에는 천연 아스팔트나 시멘트와 모래를 물로 반죽해 군힌 흙벽돌로 만든 인공 언덕, **지구라트**(Ziggurat, '천상의 산' 또는 '신의 산'이란 의미)를 짓고 그 위에 신전을 세워 도시의 수호신이 살 것이라 믿었습니다. 메소포타미아의 도시는 서로 배타적이었지만 질서를 유지하기 위해 유력 도시를 중심으로 한 **도시 국가 연합**을 결성했습니다. 기원전 18세기에 여러 도시 국가를 지배한 구바빌로니아(Babylonia) 왕국의 함무라비 왕은 '눈에는 눈, 이에는 이'라는 원리에 기초한 **함무라비 법전**을 제정했습니다. 많은 부족과 도시 국가가 혼재된 지역의 질서를 공평한 법에 따라 확립해야 했기 때문입니다.

키워드 **수메르인**

메소포타미아의 가장 오래된 민족. 도시, 청동기, 설형문자(단단한 갈대 줄기나 철필로 점토판에 새긴 쐐기 모양의 글자)를 발전시켰다. 오늘날까지 살아있는 수메르어는 '크로커스(Crocus, 붓꽃과에 속하는 꽃으로 봄에 피는 사프란 꽃을 일컬음)'.

메소포타미아 문명의 변천

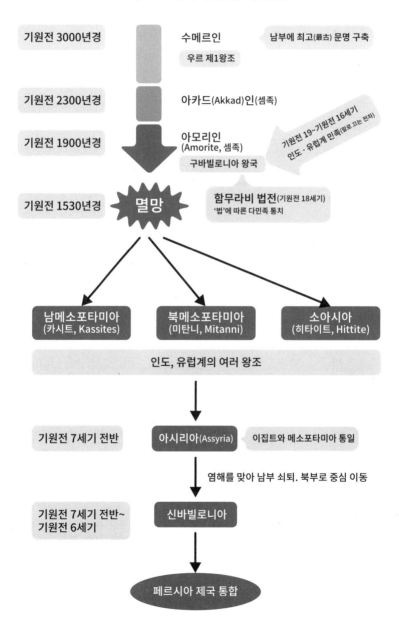

기원전 3000년경 — 수메르인 / 우르 제1왕조 — 남부에 최고(最古) 문명 구축

기원전 2300년경 — 아카드(Akkad)인(셈족)

기원전 1900년경 — 아모리인 (Amorite, 셈족) / 구바빌로니아 왕국

기원전 19~기원전 16세기 인도·유럽계 민족(말로 끄는 전차)

기원전 1530년경 — 멸망

함무라비 법전(기원전 18세기) '법'에 따른 다민족 통치

남메소포타미아 (카시트, Kassites) / 북메소포타미아 (미탄니, Mitanni) / 소아시아 (히타이트, Hittite)

인도, 유럽계의 여러 왕조

기원전 7세기 전반 — 아시리아(Assyria) — 이집트와 메소포타미아 통일

염해를 맞아 남부 쇠퇴. 북부로 중심 이동

기원전 7세기 전반~ 기원전 6세기 — 신바빌로니아

페르시아 제국 통합

05 인더스 문명과 갠지스 문명

오늘날 파키스탄에 성립한 인더스 문명은 메소포타미아 문명의 영향을 받은 밀 기반 문명이었습니다. 히말라야산맥에 쌓인 눈이 녹으면서 생긴 물과 몬순의 영향으로 내린 비를 이용한 인더스 문명은, 곱돌(활석이라고도 불리는 매끈매끈한 돌로, 갑골·청동기와 함께 문자를 기록한 수단 중 하나였다)에 그려진 상형문자인 **인더스 문자**가 지금까지 해독되지 않아 수수께끼가 많은 문명입니다.

문명의 중심에는 잘 짜인 도시계획이 엿보이는 **모헨조다로**(Mohenjo-Daro), 성채와 많은 곡물 창고를 보유한 **하라파**(Harappa)가 있었습니다. 이 두 도시는 동일한 규격의 구운 벽돌로 건설되었습니다. 상하수도가 완비된 흔치 않은 도시 문명으로, 상업적 색채가 짙은 문명이기도 합니다.

인더스 문명은 메소포타미아의 여러 도시 사이에서 무명, 목재, 구슬 등을 활발히 교역했습니다. 그 증거로 인더스 문자가 새겨진 곱돌 인장이 메소포타미아 남부에서 여럿 출토되었습니다. 여름과 겨울에 풍향이 바뀌는 **아라비아해는 항해가 수월해**, 인더스 강과 페르시아만을 쉽게 오갈 수 있었기 때문입니다.

인더스 문명은 이집트처럼 인더스 강의 범람을 이용한 관개를 기반으로 성립했습니다. 하지만 예측할 수 없는 홍수나, 기후 변동으로 남서 계절풍이 이동하면서 발생한 가뭄, 삼림의 무분별한 벌목으로 인한 사막화, 관개에 따른 염해, 인더스 강의 유로 변경 등이 원인이 되어 급속도로 쇠퇴했습니다. 카이바르고개를 넘어 인도 세계에 진출한 **아리아인**(Aryan)은 바르나(Varna)에 따라 선주민(先住民)을 차별하고, 기원전 1000년경 갠지스 강 유역에서 벼농사를 토대로 한 문명을 구축했습니다.

키워드 바르나

'색'이라는 뜻. 백인인 아리아인이 흑인인 드라비다인(Dravidian)을 차별한 제도. 후에 포르투갈인이 '카스트'라 불렀다.

인더스 문명과 아리아인의 침입·이동

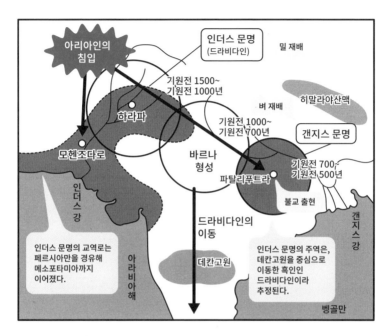

아리아인의
침입

인더스 문명
(드라비다인)

밀 재배

기원전 1500~
기원전 1000년

하라파

벼 재배

히말라야산맥

기원전 1000~
기원전 700년

갠지스 문명

모헨조다로

바르나
형성

기원전 700~
기원전 500년

파탈리푸트라

인
더
스
강

불교 출현

갠
지
스
강

인더스 문명의 교역로는
페르시아만을 경유해
메소포타미아까지
이어졌다.

아
라
비
아
해

드라비다인의
이동

데칸고원

인더스 문명의 주역은,
데칸고원을 중심으로
이동한 흑인인
드라비다인이라
추정된다.

벵골만

바르나 제도

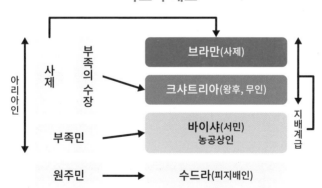

사제

부족의 수장

브라만(사제)

아
리
아
인

크샤트리아(왕후, 무인)

지
배
계
급

부족민

바이샤(서민)
농공상인

원주민

수드라(피지배인)

아리아인은 정복한 지역의 선주민과 자신들의 피부색(인종)을 구별했다.
피부색을 바탕으로 바르나(색)라는 네 가지 신분 계급이 형성되었다.

06 황하 문명과 춘추 전국 시대

조 농업을 기반으로 세워진 **황하 문명**은, 그 이름처럼 황하 중유역에 성립했습니다. 황하는 큰 활처럼 굽은 모양으로, **황토**라는 부드럽고 비옥한 토양이 두텁게 퇴적된 고원을 지납니다. 그때 강물에 대량의 황토가 녹아들어 '진흙이 물보다 많다'는 특성을 지닌 강이었습니다. 강의 흐름이 완만해지는 하류에서는 물의 30배나 되는 고운 흙(황토)이 강바닥을 높게 만들었고, 2~3년에 한 번꼴로 대범람이 일어나 물길이 크게 바뀌었기 때문에 충적 평야(하류에 강이 운반 및 퇴적하는 토사가 쌓여 이루어진 평야로, 우리나라에서는 김포·평택 등의 지역이 이에 속한다)를 이용할 수 없었습니다. 결국 황하 문명은 **육지에 둘러싸인 문명**이 되었습니다.

사람들은 황하 지류의 구릉 지대에서 빗물이나 황토 대지의 지하수를 사용해 조와 기장을 재배했고, 황토로 모양을 내 굳혀서 만든 벽으로 둘러싼 읍(邑, 지배자 역할을 한 도시는 대읍(大邑)이라 불렸다)을 만들었습니다. 이윽고 웨이허(渭河)강 분지에서 황하 중유역에 걸쳐 **읍 연합**이 조직되었습니다. 바로 **은나라**와 **주나라**입니다.

은나라에서는 **신권 정치**를 펼쳐 국민들이 신의 자손이라 믿는 왕이 천상의 지상신 '제(帝)'에게 제사를 지내고, 갑골(거북이의 배 뼈와 소의 견갑골)을 태워서 생긴 균열의 모양으로 신의 뜻을 점쳤습니다. 갑골에 새겨진 점의 결과를 기록한 기호(**갑골 문자**)가 오늘날 한자의 선조입니다.

은나라를 무너뜨린 주나라는 역성혁명을 제창하고, 주왕을 종가로 두고 본가와 분가의 혈연관계를 통해 도시들을 지배하는 혈연적 **봉건제도**를 토대로 읍 연합을 조직했습니다. 주나라가 세운 혈연 사회부터 중국이 통일되기까지의 과도기가 기원전 770년부터 기원전 221년까지 이어진 **춘추 전국 시대**입니다.

키워드 역성혁명

천자는 천명에 따라 나라를 통치하기 때문에 천자의 덕이 부족하면 천명이 바뀌고, 다른 성을 가진 자가 새로운 왕조를 세운다는 설.

은나라 영역과 주나라 영역

춘추 전국 시대 사회 변화

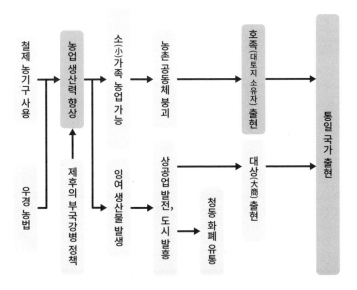

제 2 부

제국과
여러 지역 세계의
형성

01 유라시아에서 탄생한 네 개의 대제국

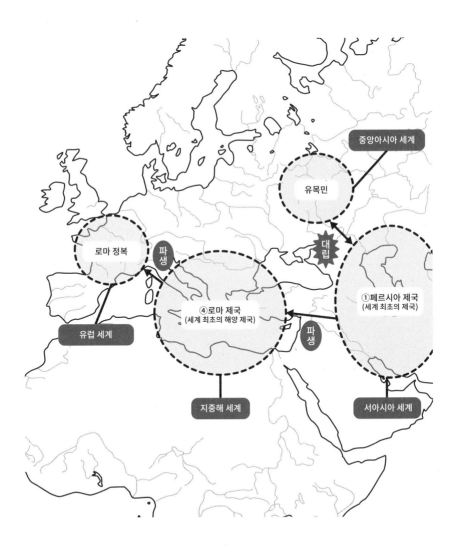

목축민은 말(馬)을 사용해 힘을 키우고 '유목민'이 되었습니다. 3대 문명이 발원한 지역을 통합한 세계 최초의 제국 ①이 성립했습니다. 알렉산드로스 대왕이 ①을 무너뜨리자 지중해, 서아시아, 인도에 제국이 분립했습니다. 동양에서는 시황제가 진나라(秦)를 세웠습니다. 제국은 ①부터 ④순으로 성립했는데 ①이 멸망한 후 ②와 ④가 파생된 것으로 보입니다.

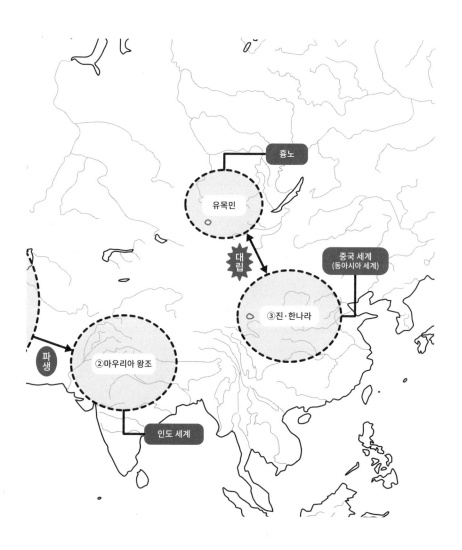

02 최초의 대제국 페르시아

문명이 탄생한 후 2500년이 지나자 **'제국'**이 출현했습니다. 인류 5000년 역사에서 딱 절반이 지났을 때입니다. '제국'이란 기본적으로 곡물을 생산할 수 없는 유목민이 **광역으로 곡물을 순환**시킨 시스템으로, 4대 문명이 성장한 '공간'을 중심으로 탄생했습니다. 그 제국들이 만들어낸 문자, 종교, 법률이 오늘날의 동, 남, 서아시아와 지중해 등 **여러 지역 세계의 원형**이 되었습니다. 그런 의미에서 제국은 중요합니다.

기원전 6세기, 이란고원을 나온 페르시아(이란)인이 군사 정복을 통해 메소포타미아, 이집트, 인더스 각 문명을 통합하고 **'세계 최초의 제국'인 아케메네스**(Achaemenes) **왕조**(페르시아 제국)를 성립했습니다. '왕중왕'이라 불린 왕은 조로아스터(Zoroaster)교의 신 아후라 마즈다(Ahura Mazda)의 대리인으로서 군림했습니다. 각지의 주요 거점을 잇는 '왕의 길'을 정비하고 주지사에 해당하는 사트라프(Satrap, 왕의 대리인)를 각 주에 파견해 연간 약 36만 7,000킬로그램의 은을 세금으로 징수했습니다. 또한 동전을 만들어 전 제국에 유통했습니다. 제국은 기원전 330년에 그리스 세계에서 온 알렉산드로스(Alexandros) 대왕에게 멸망했지만 그 후 페르시아계 유목민이 **파르티아**(Parthia)라는 이름으로 재건해, 기원전 3세기 이란고원 남부에서 출현한 **사산**(Sasan) **왕조**(3~7세기)에 정복당할 때까지 제국을 유지했습니다.

사산 왕조는 쇠퇴기를 맞은 로마 제국을 압도했고, 6세기에는 로마 제국의 계승국인 비잔틴(Byzantine) 제국과 큰 전쟁을 치렀습니다. 하지만 이슬람으로 결속된 신흥 아랍인에게 651년 멸망했습니다.

키워드 아후라 마즈다

조로아스터교에서 광명과 정의의 신을 뜻한다. 에디슨이 발명한 백열전구 '마즈다 램프'의 유래다.

세계 최초의 대제국

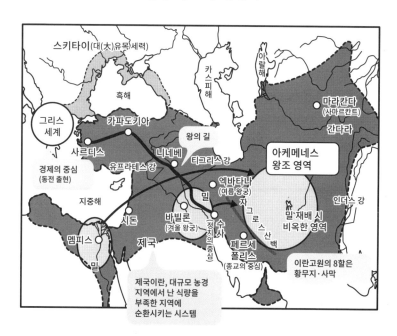

아케메네스 왕조의 중앙 집권 체제

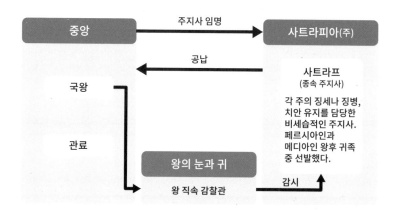

03 그리스 세계

지중해는 세계에서 가장 큰 내해(內海)로, 사막 지대와 편서풍대의 중간에 위치한 재밌는 바다입니다. 지중해 동부는 이집트, 시리아, 아나톨리아(터키 중 아시아에 해당하는 부분)에 둘러싸인 상업 해역으로, 면적이 약 8,260제곱미터인 **크레타**(Creta)**섬**을 중심으로 **해양 문명**이 성장했습니다.

그 후 기원전 11세기 이후에 레바논 지방의 **페니키아**(Phoenicia)**인**이 세계 역사상 최초의 종합상사라고도 할 수 있는 대규모 교역을 실시해 지중해 횡단 항로를 개발했습니다. 페니키아인이 상업용으로 고안한 **알파벳**은 동서 유럽 문자의 원형이 되었습니다.

페니키아인의 영향으로 상업을 성장시킨 그리스인은 기원전 8세기 이후, 에게해(Aegean Sea) 주변에 **폴리스**(도시 국가) 군을 형성했습니다. **아테네**(약 2,928제곱미터), **스파르타**(약 8,480제곱미터)를 제외하면 폴리스는 규모가 작아, 면적 수 제곱킬로미터에 인구 2만 명 이하가 표준이었습니다. 소규모 폴리스에 분산해 살던 그리스인은 4년에 한 번 개최되는 올림피아 제전(근대 올림픽의 원형)으로 결속을 단단히 했습니다.

기원전 4세기 전반에 일어난 **페르시아 전쟁**은 그리스 세계에 가장 큰 시련이었지만, 그리스는 아테네 해군을 중심으로 페르시아군을 격퇴했습니다. 그 후 아테네는 폴리스 약 200개가 참여하는 **델로스 동맹**을 조직하고, 지도자 페리클레스의 통치로 큰 세력이 되었습니다(아테네 제국). 기원전 5세기 후반, 반(反)아테네 세력을 모은 스파르타가 **펠로폰네소스 전쟁**에서 아테네를 상대로 승리했습니다. 이후 폴리스 세계는 전란이 끊임없이 이어졌고, 북방에 위치한 마케도니아(Macedonia)의 지배를 받게 되었습니다.

키워드 폴리스

고대 그리스의 도시 국가. 아크로폴리스(성채), 아고라(광장), 성벽으로 이뤄진 도시부와 주변 농촌으로 구성되었다.

폴리스 세계란

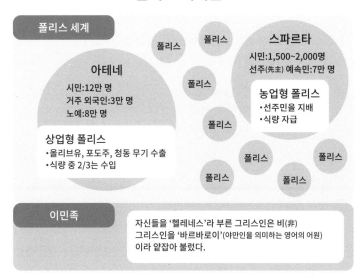

폴리스 세계

폴리스
폴리스
폴리스

스파르타
시민:1,500~2,000명
선주(先主) 예속민:7만 명

아테네
시민:12만 명
거주 외국인:3만 명
노예:8만 명

폴리스

농업형 폴리스
•선주민을 지배
•식량 자급

폴리스

상업형 폴리스
•올리브유, 포도주, 청동 무기 수출
•식량 중 2/3는 수입

폴리스

폴리스

폴리스

폴리스

이민족

자신들을 '헬레네스'라 부른 그리스인은 비(非)
그리스인을 '바르바로이'(야만인을 의미하는 영어의 어원)
이라 얕잡아 불렀다.

폴리스 세계의 쇠퇴

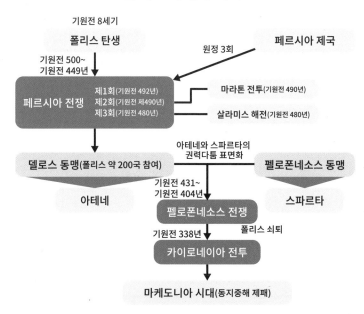

기원전 8세기

폴리스 탄생

페르시아 제국

원정 3회

기원전 500~
기원전 449년

페르시아 전쟁
제1회(기원전 492년)
제2회(기원전 제490년)
제3회(기원전 480년)

마라톤 전투(기원전 490년)

살라미스 해전(기원전 480년)

델로스 동맹(폴리스 약 200국 참여)

아테네와 스파르타의
권력다툼 표면화

펠로폰네소스 동맹

아테네

기원전 431~
기원전 404년

스파르타

펠로폰네소스 전쟁

기원전 338년

폴리스 쇠퇴

카이로네이아 전투

마케도니아 시대(동지중해 제패)

04 세계를 바꾼 알렉산드로스 원정

기원전 334년 마케도니아의 왕 **알렉산드로스**는 힘을 바탕으로 한 호모노이아(Homonoia, 다민족 화합)를 주장하며 마케도니아·그리스 연합군을 이끌어 페르시아 제국을 무너뜨렸고, 지중해 제국, 페르시아 제국, 인도 제국을 분립시켰습니다. 보병 약 3만 명, 기병 약 5천 명으로 진행된 원정은 지참한 식량이 열흘 치밖에 없는 무모한 도전이었습니다.

알렉산드로스는 먼저 페니키아인의 중심항구 티루스(Tyrus, 오늘날 티레)를 철저하게 파괴하고 동지중해의 상업을 빼앗았습니다. 그 후 운이 좋게도 나일 강의 수위가 낮아졌고, 기아 문제가 계속됐던 이집트에서 페르시아의 지배에서 벗어나게 해준 해방자라며 큰 환영을 받고 힘을 더욱 키웠습니다. 알렉산드로스는 나일 강 하구에 그리스인의 사업 거점인 **알렉산드리아**를 세웠습니다.

알렉산드로스는 페르시아 제국을 무너뜨리고 페르시아 왕의 딸과 직접 결혼했습니다. 게다가 고관 80명과 장병 1만 명을 페르시아인 여성과 집단 결혼을 주선해 그리스와 페르시아의 융합을 꾀했습니다. 그 후, 인도에 원정을 나갔으나 실패하고 바빌론에 돌아와 급사했습니다. 제국은 알렉산드로스의 부하들이 이집트, 시리아, 그리스 세 나라로 삼분했고, 이는 로마 제국과 서아시아 제국의 분열로 이어졌습니다. 또한 이집트와 시리아가 지중해 세계로 편입한 일과 동지중해에서 그리스인이 상업 패권을 쥔 일이 후일 **로마 제국이 형성된 전제조건**이 되었습니다.

페르시아 제국이 멸망한 기원전 330년부터 이집트의 그리스계 왕조가 멸망한 기원전 30년까지를 '헬레니즘 시대'라 부릅니다.

키워드 헬레니즘

그리스풍 사상과 문화로, '서양사'에서는 크리스트교(헤브라이즘)와 함께 유럽 문명의 원류라 인식된다.

알렉산드로스의 원정이 지닌 세계사적 의의

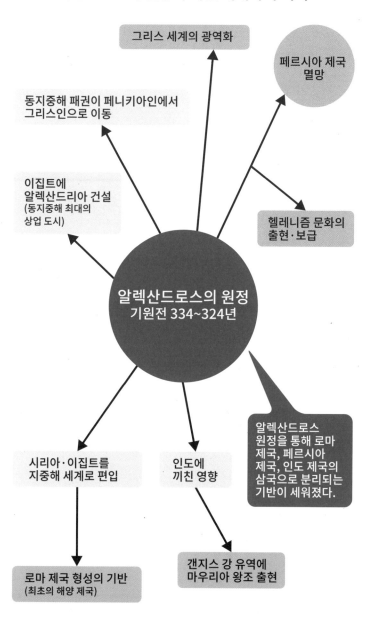

그리스 세계의 광역화

페르시아 제국
멸망

동지중해 패권이 페니키아인에서
그리스인으로 이동

이집트에
알렉산드리아 건설
(동지중해 최대의
상업 도시)

헬레니즘 문화의
출현·보급

알렉산드로스의 원정
기원전 334~324년

시리아·이집트를
지중해 세계로 편입

인도에
끼친 영향

알렉산드로스
원정을 통해 로마
제국, 페르시아
제국, 인도 제국의
삼국으로 분리되는
기반이 세워졌다.

로마 제국 형성의 기반
(최초의 해양 제국)

갠지스 강 유역에
마우리아 왕조 출현

05 로마 제국의 지중해 통일

 이탈리아반도 중앙에 위치한 도시 국가 로마는 그리스 상인과 힘을 합쳐 지중해에 세계 최초의 해양 제국 로마를 세웠습니다. 로마는 군사력으로 이탈리아반도의 도시들과 남이탈리아의 그리스 식민 도시군(群)(대(大)그리스)을 정복하고, 기원전 272년 이탈리아반도를 통일했습니다. 그 후 서지중해를 지배한 페니키아인의 식민 도시 카르타고를 세 차례 일어난 **포에니 전쟁**으로 격파하고, 페니키아인이 쥐고 있던 서지중해의 지배권을 이어받았습니다. 한편 로마는 분열 상태였던 동지중해에 진출해 기원전 30년, 클레오파트라를 무너뜨리고 이집트의 프톨레마이오스 왕조를 멸망시켜 동지중해 또한 제패했습니다. 갈리아 지방을 정복한 카이사르의 후계자 **옥타비아누스**가 기원전 27년에 지중해 주변을 통합한 **해양 제국**을 형성했습니다.

 최초의 황제 옥타비아누스는 원로원에서 '**아우구스투스**(존엄한 자)'라는 존칭을 받고, 프린켑스(Princeps, 원로원의 제일인자), 임페라토르(Imperator, 최고군사령관)로서 제국 체제를 만들었습니다. 제국은 라틴어로 '**임페리움**(Imperium)'이라 하는데, 군사력을 기반으로 한 지배를 뜻하는 임페라토르가 어원입니다. 로마 제국은 **오현제 시대**가 최전성기로, 로마가 번영한 200년간을 '로마의 평화(팍스 로마나(Pax Romana))'라고 부릅니다. 이탈리아반도를 제외한 지중해 주변 지역들은 속주(프로빈키아(Provincia), 식민지)가 되어 막대한 세금을 납부했습니다.

키워드 로마의 평화

로마가 패권을 쥐며 지중해의 평화가 유지된 시대와 상태. 제정(帝政)이 시작된 때부터 오현제 시대가 끝날 때까지(기원전 1세기~2세기).

로마 제국의 판도

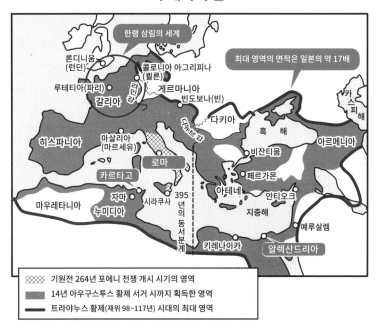

한랭 삼림의 세계

론디니움
(런던)

콜로니아 아그리피나
(퀼른)

루테티아(파리)

갈리아

게르마니아
빈도보나(빈)

라인강

최대 영역의 면적은 일본의 약 17배

카스피해

다키아

다뉴브강

흑 해

히스파니아

마살리아
(마르세유)

로마

카르타고

자마

누미디아

시라쿠사

마우레타니아

395년의 동서분계

비잔티움

페르가몬

아테네

안티오크

지중해

키레나이카

알렉산드리아

예루살렘

아르메니아

XXXX 기원전 264년 포에니 전쟁 개시 시기의 영역
████ 14년 아우구스투스 황제 서거 시까지 획득한 영역
───── 트라야누스 황제(재위 98~117년) 시대의 최대 영역

이탈리아반도 통일부터 최전성기까지

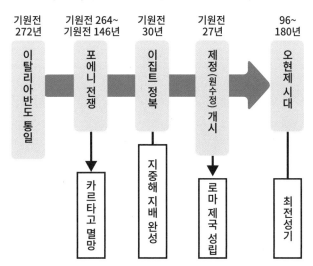

기원전
272년

기원전 264~
기원전 146년

기원전
30년

기원전
27년

96~
180년

이탈리아반도 통일

포에니 전쟁

이집트 정복

제정(원수정) 개시

오현제 시대

카르타고 멸망

지중해 지배 완성

로마 제국 성립

최전성기

06 로마 제국의 쇠퇴와 크리스트교

　로마가 속주를 가혹하게 지배하던 1세기, 유대에서 민중의 지도자 예수가 처형되었다가 **메시아**(그리스도)로서 **부활**했습니다. 이 부활을 신앙의 중심에 둔 크리스트교는 가난한 민중의 신앙심을 하나로 모았습니다. 유대인이 팔레스타인(Palestine)을 떠나 온 세계로 흩어지면서, 크리스트교는 그리스에 동화된 유대인을 중심으로 그 주변 하층민에게 퍼졌습니다.

　로마인이 속주로 이주하면서 212년 카라칼라(Caracalla) 황제가 속주의 모든 주민에게 시민권을 부여했습니다. 그러자 속주의 군대가 각각 황제를 옹립해 싸우는 **군인 황제 시대**(3세기)가 찾아왔고, 로마 제국은 끊임없이 이어지는 전쟁 때문에 급속도로 쇠퇴했습니다.

　3세기 말, 군인황제 중 하나였던 **디오클레티아누스 황제**가 제국을 사 분할하고 군대와 관료를 기반으로 한 전제 정치를 시행했습니다. 다음 자리를 이은 **콘스탄티누스 황제**는 제국의 수도를 로마에서 콘스탄티노플로 옮기고, 313년 **밀라노 칙령**을 내려 크리스트교를 공인하고 제국의 제사 의식으로 추가했습니다. 교단을 제국 지배에 이용하려는 의도였지만, 오랫동안 탄압받던 크리스트교는 지역마다 분열되어 교리가 확립되지 않은 상태였습니다. 콘스탄티누스 황제는 325년 니케아 공의회에서 예수를 '신'으로 섬기는 아타나시우스파를 정통으로 인정하고, 예수를 '인간'이라 주장하는 아리우스파를 이단으로 규정했습니다. 375년 **게르만족의 이동**이 시작되자 제국 서부는 혼란에 빠졌습니다. 392년 테오도시우스 황제는 크리스트교를 **국교**로 삼았지만 395년 로마 제국은 동서로 분열되어버렸습니다.

키워드 그리스도

그리스어로 '구원자'라는 뜻. 본래 유대교의 메시아다. 예수가 '구원자'로서 부활한 사건이 크리스트교 교리의 중심이다.

크리스트교와 로마 제국의 변천

크리스트교		로마 제국	
기원전 6세기	유대교 성립(종말 사상·구세주 사상·선민사상)	기원전 27년	로마 제국 건국
기원	구약성서 완성 예수의 개혁(모든 인간은 신의 절대애(愛)를 받는다는 주장·유대교의 율법주의 비판)		
30년경	크리스트교 성립		
1세기 중반	베드로·바울 등의 전도 신약성서 편찬(~2세기 말)→ 유대인 외의 민족도 포교	1~2세기	오현제 시대(96~180년)
		3세기	군인 황제 시대 (235~284년)
313년	밀라노 칙령	313년	밀라노 칙령 (크리스트교 공인)
325년~	예수 신성을 둘러싼 교리 논쟁	330년	로마에서 콘스탄티노플로 천도
	정통 아타나시우스파 (삼위일체설)	375년	게르만족의 이동 시작
		392년	크리스트교 로마 국교 지정
	이단 아리우스파 (예수의 인간성 주장)	395년	제국 분열 (서로마 제국·동로마 제국)
	네스토리우스파(431년)	476년	서로마 제국 멸망
	타 지역 포교·확대		
1054년	주도권을 둘러싼 다툼	1453년	콘스탄티노플 함락, 동로마 제국(비잔틴 제국) 멸망
	가톨릭 (로마 교회) 정교회 (콘스탄티노플 교회)		

01 유라시아의 지역들과 격리된 인도·중국

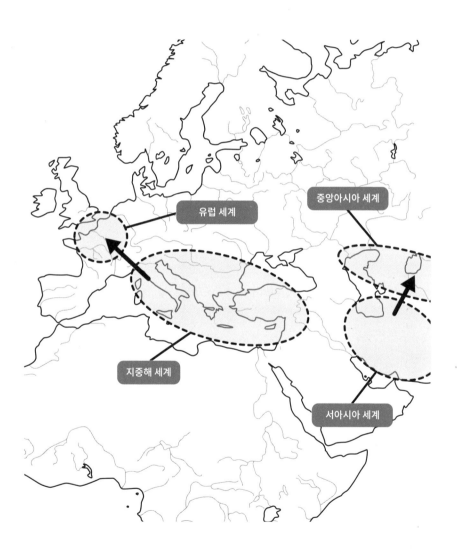

유럽 세계

중앙아시아 세계

지중해 세계

서아시아 세계

복잡해 보이는 유라시아는, 여덟 군데의 지역 세계로 나눠보면 파악하기 쉬워집니다. 유라시아 역사는 농경민과 유목민의 다툼으로 전개되었습니다. 한편 남아시아 세계는 히말라야 등의 산맥으로, 동아시아 세계는 인공적인 '만리장성'으로 유목민의 침입을 막았기 때문에, 이 지역의 역사는 유라시아의 큰 역사 흐름에서 자신을 격리하는 방향으로 흘러갔습니다.

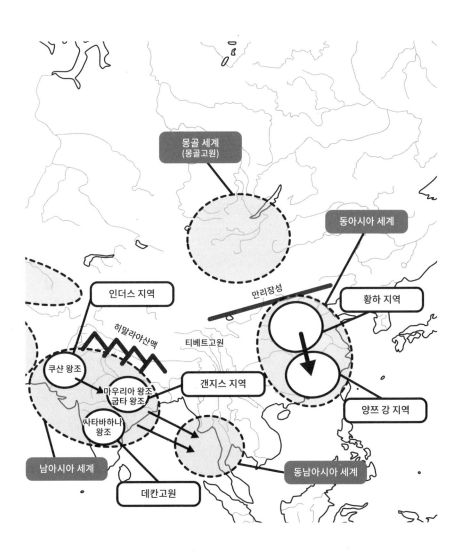

02 갠지스 강 유역의 마우리아 왕조와 굽타 왕조

　유라시아 남부에 위치한 인도는 동부에 위치한 중국처럼 많은 인구를 보유한 큰 세계로, 히말라야산맥에 가로막혀 유라시아에서 떨어져 있었습니다. 벼 기반 세계의 갠지스 강 유역에 있는 마가다국의 찬드라굽타(Chandragupta Maurya)는, 알렉산드로스의 인도 침공이 실패로 끝나자 그 침입에 대비해 준비했던 대군으로 북인도를 통일했습니다. 벼 지대의 최초 제국인 마우리아 왕조를 창건했지요. 제3대 왕인 **아소카**(Asoka)는 남인도와 미얀마로 영토를 확장한 후 불교의 다르마(Dharma) 이념으로 큰 영토를 지배했지만, 왕의 사후 반세기만에 제국은 멸망했습니다.

　그 후 갠지스 강 유역에서는 혼란이 끊이지 않았고, 북인도와 남인도에 각각 나라가 성장했습니다. 4세기 초에 들어서자 갠지스 강 중유역에서 **굽타 왕조**가 성립했습니다. 굽타 왕조 시대에는 전통적인 브라만교를 중심으로 한 서민 신앙과 불교, 자이나교(Jainism)가 섞이면서 우주 만물의 윤회를 설파하는 **힌두교**가 성립했습니다. 인도에서 불교는 민중과의 연결고리가 약해 이 시대에 힌두교에 흡수되었습니다. 또한 '공(空)'의 관념에서 **영(0)의 개념**을 도출해, 인도 숫자에서 생겨난 **아라비아 숫자**와 함께 세계로 퍼졌습니다. 굽타 왕조는 중앙아시아에서 침입한 유목민인 에프탈(Ephtalite)족에게 서쪽 영토를 빼앗긴 후 쇠퇴하여 550년경 멸망했습니다.

　인도에서는 그 후, 요새를 중심으로 한 군사도시가 각지에 건설되고 여러 세력이 항쟁을 반복하는 전란과 분열의 시대로 들어섰습니다. 갠지스 문명은 남인도에 적극적으로 파고들었고 무역을 통해 동남아시아로 확산되었습니다.

키워드 다르마

산스크리트어로 '윤리적 규범', '결정'을 뜻한다. 법률도 다르마로 간주되었다.

알렉산드로스의 원정과 인도 제국

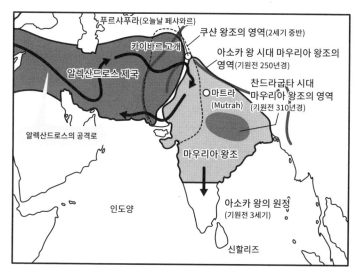

인도의 종교와 철학

	브라만교	우파니샤드 철학	자이나교	불교	힌두교
	기원전 10세기경	기원전 7세기경	기원전 6~기원전 5세기경	기원전 5세기경	기원전후
성립	아리아인의 원시종교를 바탕으로 성립	제사만능주의에 빠진 브라만교의 내부 혁신으로 성립	마하비라 (Vardhamāna) 창시	싯다르타(붓다) 창시	브라만교와 비(非)아리아인의 토착 민간신앙을 융합해 완성
전개	아리아인이 인도에서 우위를 점하기 위해 브라만을 가장 상위로 하는 바르나 제도 도입	윤회전생·업(카르마) 사상은 이후 인도의 종교 및 사상에 막대한 영향을 줌	불살생 교의가 포함되어 있어 농업 종사가 허락되지 않아 신자는 바이샤, 특히 상인으로 확산	브라만교에 불만을 품은 크샤트리아에게 지원을 받아 확산	생활 전반을 규정하는 생활법의 성격. 계급 제도를 부정하지 않고 민족적인 색채를 띰

03 진·한나라와 중화 질서

진나라(秦)는 중국 가장 깊숙한 곳에 위치한 사천을 지배하던 나라입니다. 진나라는 '전국 칠웅'으로 불리던 나라들을 합병했고 기원전 221년, **시황제**가 중국 최초의 제국을 건국했습니다.

시황제는 도량형, 문자, 화폐, 바퀴 등을 통일했습니다. 전국을 황제의 직할지로 삼아 36(이후 48)군으로 분할하고 그 밑에 천 개가 넘는 현을 설치한 **군현제**를 실시해, 수도에서 파견한 관료가 그 군현을 통치하는 중앙 집권 정치를 실시했습니다. 중국에는 고유의 중화사상을 바탕으로 한 세계관이 존재했고, 관료는 법가 사상에 기초해 한자 문서로 중앙 정부의 의지를 백성에게 강제했습니다.

중화 제국의 과제는 거센 황하를 다스리는 수리(水利)시설 건설과 몽골고원에 사는 유목민의 침입을 막는 것이었습니다. 시황제는 전국시대에 각 나라가 건설한 장성을 수리하고 통합해 **만리장성**을 쌓아, 인공적인 거대한 장벽으로 중국을 유라시아 세계에서 격리했습니다. 하지만 사회에서는 전쟁과 대규모의 토목공사로 불만이 쌓여, 시황제가 서거한 후 눈 깜짝할 사이에 진나라는 멸망했습니다.

기원전 202년, 한나라(漢, 전한-(신)-후한)가 등장했습니다. 한나라에서는 중앙 집권 체제가 완화되어 황제의 직할령과 제후가 지배하는 영역으로 이루어진 **군국제**를 실시했습니다. **전한**의 최전성기에 군림한 **한 무제**는 북방의 유목민 흉노와의 전면전을 벌이고 남월(진나라 말기 조타가 중국과 베트남에 걸쳐 세운 나라)과 고구려 북부도 정복하는 등 전쟁에 몰두했습니다. 무제가 전쟁으로 거액의 국비를 사용해 농민의 생활은 파탄에 이르렀고, 지방에는 호족이 대두했습니다. **후한** 시대에는 적미의 난(지금의 산둥성에서 농민들이 왕망이라는 관료에게 저항하며 일으킨 농민 반란으로, 약 10년간 이어졌다. 당시 수도였던 장안까지 함락시켰으나, 호족들과 대결 끝에 항복했다)이 일어나 황족은 황폐해진 장안을 버리고 황하 중유역에 위치

키워드 중화사상

중국을 문화와 정치의 중심이자 우월한 존재라 생각하고, 주변을 야만적인 오랑캐(북적, 동이, 남만, 서융)로 여기는 의식과 사상.

한 낙양으로 천도했습니다. 이 시대에는 지방 호족이 실권을 쥐고 황권이 약화되었습니다. 정부는 관료제의 강화를 도모했지만, 효과를 보지 못했습니다.

중화 제국의 세계관(중화사상)

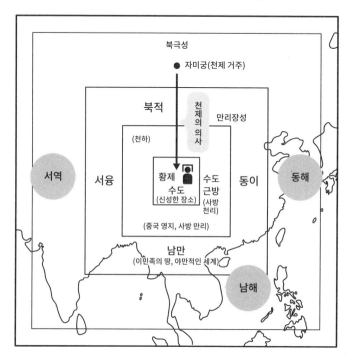

진이 만든 중화 제국의 틀

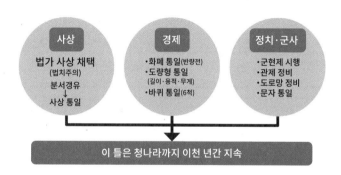

04 오호의 진출로 바뀐 동아시아 세계

중화 제국의 역사는 4~5세기 유목민(호)의 침입으로 국경이 크게 바뀌면서 진·한나라와 수(隋)·당(唐)나라로 나눠집니다. 후자인 두 나라는 기마 군단으로 황하 중유역을 정복한 후 중국 문화를 받아들인 유목민이 지배한, **유목민의 색채가 짙은 제국**이었습니다. 후한은 지방에서는 호족이 대두하고 중앙에서는 환관, 외척, 관료(당인)가 세 파벌로 나뉘어 싸우면서 분열했습니다. 그러면서 위(魏)나라, 오(吳)나라, 촉(蜀)나라 삼국이 서로 다투는, 소설 《삼국지》로 유명한 삼국시대에 들어섰지요. 하극상으로 위나라를 멸망시킨 진(晉)나라가 280년에 중국 전체를 통일하며 **삼국시대**에 종지부를 찍었지만, 진나라의 시조(사마염)가 사망하고 후계가 즉위한 후 각지의 군대가 서로 싸운 **팔왕의 난**이라는 대혼전이 벌어졌습니다.

그 혼란을 틈타 **오호**(북방의 다섯 유목민)가 황하 중유역에 진출해 16개국이 분립했습니다(**5호 16국 시대**). 토지를 빼앗긴 한인은 강남에 위치한 고구려 등 비(非)한족 사회에 대거 이주했고 동아시아에 연쇄적인 대규모 인구 이동이 일어났습니다. 중국 사회가 한층 커졌지만, 이 인구 이동으로 일본의 농업 인구 또한 크게 증가했습니다.

한편 기마를 이용한 전투 기술의 보급과 함께 유목민의 풍속과 관습(호풍 문화)이 황하 유역에 체계적으로 퍼졌습니다. 의자나 침대를 사용하게 되었고, 유목민의 진출과 함께 **대승 불교**가 유행했습니다. 이 종교에 맞서 중국에서는 **도교**가 성립했습니다. 중국은 유목민의 색이 짙은 북조와 강남의 남조로 나눠졌지만, 북조 최초의 나라인 북위(北魏)의 효문제(孝文帝)가 **중국 동화 정책**을 선택했기 때문에 유목민의 '제국'을 형성하려는 움직임은 더욱 강해졌습니다.

키워드 호

고대 중국에서 북방, 서방에 살았던 이민족을 통칭하는 말. 한나라 시대에서는 오직 흉노만 가리켰다.

세계 제국과 4~5세기 유목민의 활동

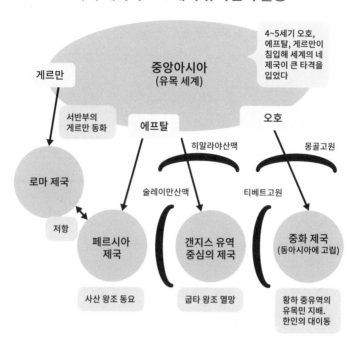

오호의 침입으로 변화한 동아시아 세계

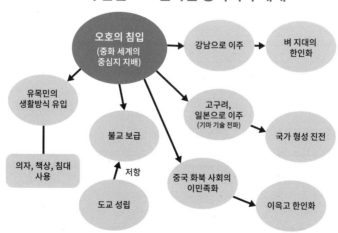

05 최강 농업 제국, 수나라와 당나라

200년 하고도 수십 년 넘게 지속된 혼란의 시대를 끝내고 유목민이 지배하던 황하 유역의 밀 지대와 양쯔강 유역의 벼 지대를 통일해 한층 커진 '제국'을 세운 나라가 있으니, 바로 유목 민족인 **수나라**였습니다. 수나라는 6세기 말부터 7세기 초반, 황하와 양쯔강을 연결한 세계에서 제일 긴 2,500킬로미터의 대운하를 완성하고 남북을 결합한 경제의 대동맥이었습니다. 세계에서 유례를 찾아볼 수 없는 내륙 운송 수로였던 **대운하**는 해로의 필요성을 배제했고, 중화 제국 또한 세계에서 유례를 찾아볼 수 없는 내륙 제국이 되었습니다.

제2대 황제 **양제**(煬帝)는 남북의 물자를 활발하게 운송하려 농민 백만 명을 동원해 곡창지대인 강남, 정치와 군사 요충지인 장안, 군사 요충지인 탁군(오늘날 베이징)을 연결하는 대운하를 불과 6년 만에 완성했습니다. 하지만 중국 동북부에서 한반도 북부까지 지배했던 고구려 침략이 실패로 돌아가자, 대규모의 농민 반란이 일어나 짧은 기간에 멸망했습니다.

그 이후 세워진 **당나라**는 수나라의 제도를 계승하면서 전체 농지를 황제의 소유지로 삼고 농민에게 평등하게 빌려준 뒤 세금을 징수하는 균전제, 농민을 무상으로 전쟁에 동원하는 **부병제**를 도입해 세계사상 최강의 농업 제국이 되었고, 북쪽 유목민인 돌궐을 복속시켰습니다. 하지만 병역을 기피하는 농민이 늘어나면서 부병제가 무너졌습니다. 9대 황제 현종 시대, 양귀비 일가가 총애를 등에 업고 방자하게 굴자 백성들이 반발해 일으킨 **안사의 난**으로 제국은 사실상 분열했습니다. 907년, 당나라가 멸망하고 각지에 절도사(군벌)가 할거한 오대십국 시대로 들어섰습니다.

키워드 균전제

북위, 수나라, 당나라에서 실시한 토지 제도. 국가가 농민의 농지 사유화를 제한하고 농지를 균등하게 빌려준 뒤 세를 부과해 재정을 확보한 제도.

최강 농업 제국 '당나라'의 농민 지배

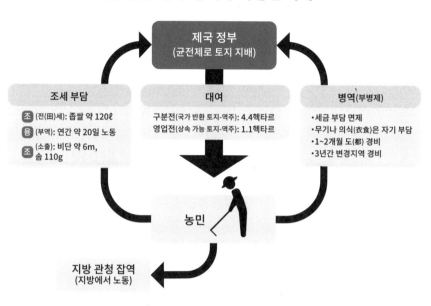

제국 정부
(균전제로 토지 지배)

조세 부담

- 조 (전(田)세): 좁쌀 약 120ℓ
- 용 (부역): 연간 약 20일 노동
- 조 (소출): 비단 약 6m, 솜 110g

대여

구분전(국가 반환 토지-역주): 4.4헥타르
영업전(상속 가능 토지-역주): 1.1헥타르

병역(부병제)

- 세금 부담 면제
- 무기나 의식(衣食)은 자기 부담
- 1~2개월 도(都) 경비
- 3년간 변경지역 경비

농민

지방 관청 잡역
(지방에서 노동)

당나라의 국제 관계

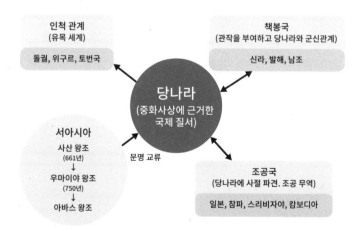

인척 관계
(유목 세계)

돌궐, 위구르, 토번국

책봉국
(관작을 부여하고 당나라와 군신관계)

신라, 발해, 남조

당나라
(중화사상에 근거한 국제 질서)

서아시아

사산 왕조
(661년)
↓
우마이야 왕조
(750년)
↓
아바스 왕조

문명 교류

조공국
(당나라에 사절 파견. 조공 무역)

일본, 참파, 스리비자야, 캄보디아

06 당송 변혁과 눈부신 경제 성장을 이룩한 송나라

오대십국 시대를 진압하고 중국을 다시 통일한 송나라(宋, 북송)에서는 귀족 사회가 관료 사회로 바뀌고, 유목민이 더욱 활발하게 진출했습니다. 이 시대 전환은 **'당송의 변혁'**이라는 명칭으로 중요시되고 있습니다. 수도도 대운하와 황하의 접점에 위치한 상업 도시 **카이펑**(開封)으로 옮겼고, 인구는 약 백만 명이었습니다. 전국에 깔린 수로망으로 수도와 이어진 농촌에도 시나 소도시를 건설했고, 차를 마시는 문화가 유행하면서 도기 생산도 함께 늘어나 동전과 함께 외국에 수출했습니다. 경제 규모가 급격하게 성장하면서 동전의 생산이 성장 속도를 따라가지 못하자 북송에서는 **교자**라 불리는 세계 최초의 지폐가 출현했습니다. 지폐는 이후 남송이나 원나라로 이어졌습니다.

당나라 말기, 전란으로 귀족 계층이 몰락하자 유학(儒學)을 바탕으로 고급 관료를 선발하는 시험인 과거를 실시해 황제의 전제 정치는 문관으로 보강되었습니다(**문치주의**). 하지만 특권층 관료(사대부)가 뇌물을 받는 일이 일상다반사가 되었고, 서민의 부담을 가볍게 만들려던 정치 개혁도 특권층 관료의 반대에 부딪혀 실패하며 체제 개혁은 좌절되었습니다.

송나라는 군벌의 할거로 쇠퇴한 당나라의 실패를 타산지석으로 삼아 정예군을 수도로 집중시켰습니다. 하지만 이는 국경의 수비력 약화를 초래했고, 유목민의 발흥에 대응하지 못했습니다. 유목민이 세운 **금나라**(金)에 수도 카이펑을 포함한 화이허 이북 토지를 빼앗기고, 지배 지역이 남부로 축소된 송(**남송**)은 금나라의 신하국이 되어버렸습니다.

남송에서는 범선을 이용한 해외 무역이 성장했고, 남인도에서 이슬람 상권과 아시아 무역을 나눠 가지며 '아시아의 대항해시대'를 열었습니다. 남송의 국가 수입 약 20%가 해외 무역에서 나왔다고 하지요.

키워드 사대부

본래 '대부'와 '사'는 주나라의 관직명이었지만, 송나라 이후에는 지식 계급 또는 과거에 합격해 관직에 오른 자 등 지배층을 가리켰다.

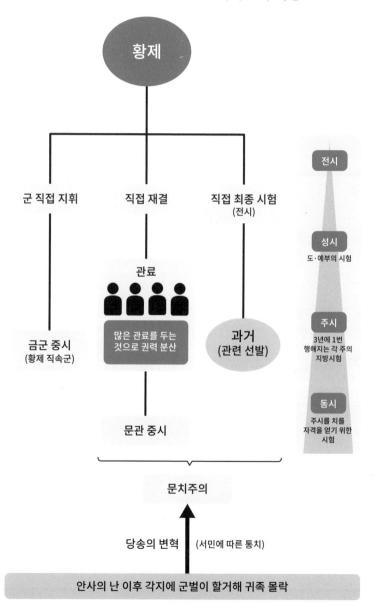

송나라 시대 과거와 관료 국가로의 이행

황제

군 직접 지휘 | 직접 재결 | 직접 최종 시험 (전시)

관료

많은 관료를 두는 것으로 권력 분산

과거 (관련 선발)

금군 중시 (황제 직속군)

문관 중시

문치주의

당송의 변혁 (서민에 따른 통치)

안사의 난 이후 각지에 군벌이 할거해 귀족 몰락

전시

성시
도·예부의 시험

주시
3년에 1번 행해지는 각 주의 지방시험

동시
주시를 치를 자격을 얻기 위한 시험

01 이슬람 제국과 몽골 제국

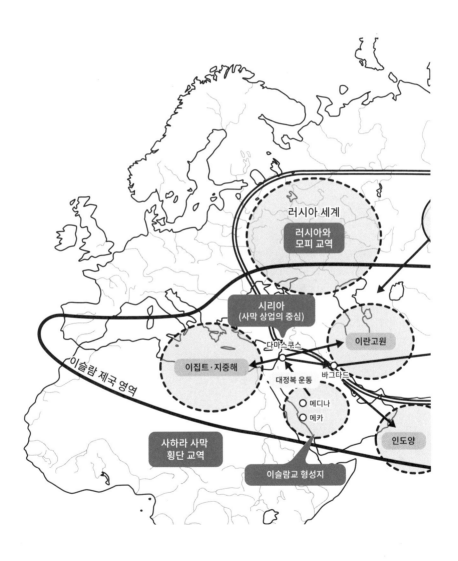

러시아 세계

러시아와
모피 교역

시리아
(사막 상업의 중심)

이란고원

다마스쿠스

이집트·지중해

바그다드

대정복 운동

이슬람 제국 영역

메디나

메카

사하라 사막
횡단 교역

이슬람교 형성지

인도양

7~14세기는 국제 상인과 연계한 유목민이 유라시아에 거대 제국과 상업권을 탄생시킨 '유목민 폭발' 시대였습니다. 7세기 이후는 이슬람교도인 아랍인, 11세기는 중앙아시아의 튀르크인이 활약했습니다. 13~14세기에는 몽골인이 초거대제국을 이룩하고 대규모의 교역로를 완성해 동서 간의 활발한 교섭을 가능케 했습니다.

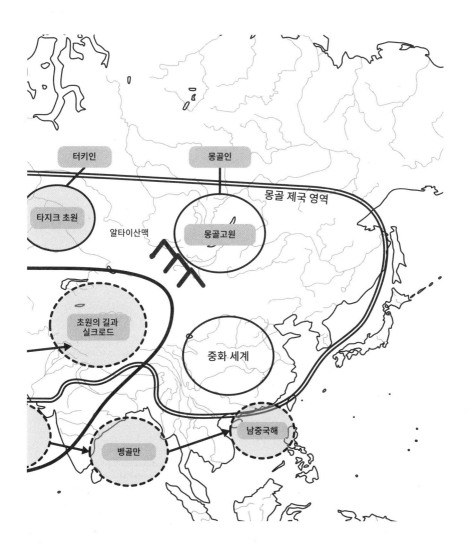

02 이슬람 교단과 이슬람 제국

　메카의 상인 **마호메트**(Mahomet)는 40세를 넘긴 후 유일신 알라를 믿는 이슬람교를 창시했습니다. 아름다운 아라비아어로 '최후의 심판'이 다가오고 있으며, **예언자**로 하여금 유일신에 완전한 귀의를 하라고 호소했습니다. 하지만 다신교 신앙의 본거지였던 메카에서는 충분한 신자를 모으지 못하고 탄압을 받았기 때문에 622년, 야스리브(메디나)로 교단을 옮겼습니다. 이 이동을 **헤지라**(Hegira)라고 합니다. 이윽고 교단은 부족 간 격렬하게 대립하던 아라비아반도에 질서를 가져온 집단으로서 세력을 확대했습니다. 630년에는 메카에 무혈입성하고 카바 신전에서 제사를 지내던 우상을 파괴하며 아라비아반도를 통일했습니다. 632년 마호메트가 급사하자 교단은 **칼리프**(마호메트의 후계자)를 따르며 단결했습니다. 유목민을 교단에 붙들어두기 위해, 쇠퇴하던 비잔틴 제국(동로마 제국)과 사산 왕조에 '**대정복 운동**'을 단행했습니다. 교단은 운이 좋게도 사막 상업의 중심지였던 시리아를 정복했습니다. 뒤이어 이집트와 사산 왕조도 정복하며 대규모 영역을 통합했습니다. 알라의 계시를 모은 《**코란**》이 교도를 결속시켰지요.

　대정복 운동은 유라시아 서부의 '해양 제국' 로마와 '육지 제국' 페르시아가 대립하던 시대를 끝내고, 고대 지중해 세계를 해체해 세 대륙에 발을 걸친 이슬람 제국을 출현시켰습니다. '**마호메트가 없으면 카롤루스 대제도 없다**'는 벨기에 역사가의 말처럼, 기독교 세계의 중심은 비잔틴 제국에서 독립한 **알프스 이북의 프랑크 왕국**(후일 프랑스, 독일, 이탈리아)으로 옮겨갔습니다.

키워드 카바 신전

검은 돌(al-hajar al-aswad: 하늘에서 떨어진 거대한 검은 운석)에 제를 올리기 위해 메카에 건설된 직사각형 모양의 신전. 아랍 다신교 신앙의 중심이었다.

이슬람 제국의 성장과 기독교 세계

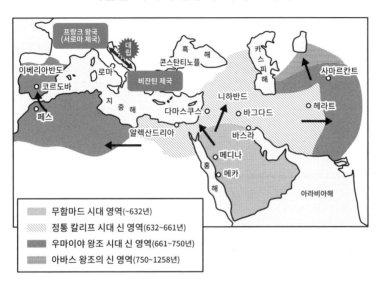

프랑크 왕국
(서로마 제국)
대립

이베리아반도
로마
비잔틴 제국

콘스탄티노플
흑해
카스피해
사마르칸트

코르도바
지중해
다마스쿠스
니하반드
헤라트

페스
알렉산드리아
바그다드
바스라
메디나
메카
홍해
아라비아해

▨ 무함마드 시대 영역(~632년)
▨ 정통 칼리프 시대 신 영역(632~661년)
■ 우마이야 왕조 시대 신 영역(661~750년)
▦ 아바스 왕조의 신 영역(750~1258년)

유럽 상황

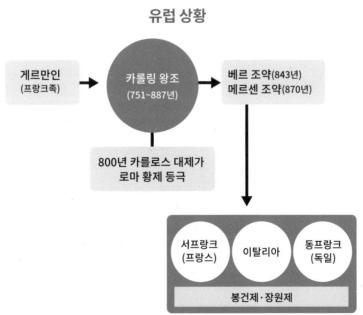

게르만인
(프랑크족)
→
카롤링 왕조
(751~887년)
→
베르 조약(843년)
메르센 조약(870년)

800년 카를로스 대제가
로마 황제 등극

서프랑크
(프랑스)
이탈리아
동프랑크
(독일)

봉건제·장원제

03 이슬람 상업권의 유라시아화

　대규모 영역을 지배하며 풍요로워진 이슬람 교단에서는, 유력 부족이 교단을 지배해야 한다는 **수니파**와 마호메트의 평등주의를 주장한 **시아파**의 대립이 격렬해졌습니다. 수니파 호족이 시리아를 중심으로 **우마이야 왕조**를 창건했습니다. 그러나 8세기 중반, 반체제파가 페르시아인과 손을 잡고 이라크에 아바스 왕조를 세우며 칼리프라 칭했습니다. **아바스 왕조**는 아랍인이 세운 정복국가였던 우마이야 왕조를, 이슬람교도가 모두 평등하게 대우받는 이슬람 제국으로 바꾸고 새로운 수도 **바그다드**를 건설했습니다. 그 결과 정복과 전쟁의 시대가 경제의 시대로 전환되었습니다. 옛날 지중해와 서아시아의 경제권에 동쪽의 '바닷길', '실크로드', '초원길'이 모두 연결되어 세계사상 최초의 **유라시아로 확대된 상업권**이 성립했습니다. 이 확대된 상업권은 이슬람 세계가 세계사에 가장 크게 공헌한 것으로, '팍스 이슬라미카(Pax Islamica)'라고 부르는 번영한 경제 세계가 모습을 드러냈습니다. 특히 인도양, 벵골만, 남중국해의 해상 무역을 연결하며 경제의 중심이 되었고, '제2의 지중해'를 형성했습니다.

　무슬림 상인은 왕복 2년이 걸리는 중국 항로를 정기화하고 광저우에 12만 명이 머무를 수 있는 거류지를 만들 정도로 그 규모가 커졌습니다. 이슬람의 대규모 상업은 **아라비아 숫자, 십진법, 복식 부기**를 발달시켰고, 경제 규모가 확대되면서 은화 부족이 일어나자 어음이나 수표를 보급시켰습니다. Bank(은행)의 어원은 이탈리아어로 환전용 '책상'이라는 뜻의 뱅커였는데, 그 기원은 이슬람 경제에 있었습니다. 또한 은화 부족은 **연금술**의 발전을 촉진시켜 증류기가 개량되었고, 개량된 증류기가 동서로 전파되어 소주나 브랜디 등의 증류주를 만들어냈습니다.

키워드 칼리프

아라비아어로 '후계자', '대리인'을 뜻한다. 마호메트 사후, 교단의 정치나 종교를 통솔한 지도자다.

중동의 간선 도로와 이슬람 상권

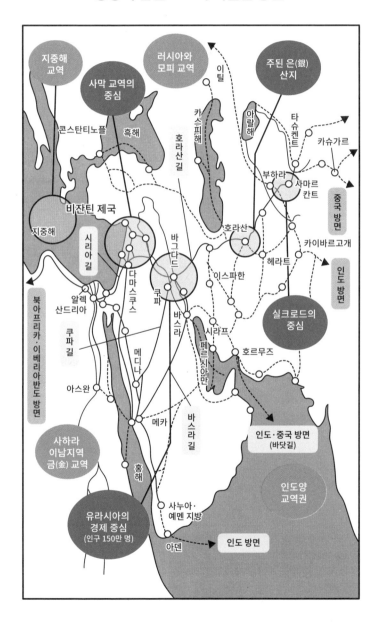

04 튀르크인이 주역이 된 세기와 십자군

　이슬람 세계에서는 상업이 활기를 띠며 경제 격차가 심각하게 벌어졌고, 사회 불안 또한 함께 커져갔습니다. 시아파는 이집트에 파티마 왕조를 세우고 칼리프라 칭하는 한편, 바그다드에 부와이(Buwayh) 왕조를 세워 칼리프를 꼭두각시처럼 조종했습니다. 각지에 무인 정권이 일어났고, 정치적으로 혼란한 시대에 들어섰지요.

　시아파를 꺾을 수 없게 된 수니파는 중앙아시아의 유목민이었던 튀르크인 청년들을 **군사 노예**(맘루크, Mamluk)로 다수 사들였습니다. 군대에서 유목민 튀르크인의 비중이 높아졌지요.

　튀르크계의 셀주크 부족이 건국한 **셀주크 왕조**는 이슬람교로 개종해 제국에 침입했고 1055년, 바그다드를 공략해 부와이 왕조를 멸망시켰습니다. 아랍인 칼리프는 수니파의 셀주크 왕조를 환영하고, 셀주크 족장에게 **수르단**('권력'이라는 뜻, 왕조의 지배자)이라는 칭호를 부여해 세속적 지배자로 이용하려 했습니다. 그러나 신원 보증을 받은 튀르크인은 각지에서 **징수권**을 획득했고, 제국의 지배권을 빼앗아버렸습니다. 튀르크인이 세계사를 움직이는 시대가 온 것이죠.

　이어서 튀르크인이 옆 나라였던 비잔틴 제국에 침공하자, 위기에 몰린 비잔틴 제국은 로마 교황에게 원조를 요청했습니다. 요청을 받아들인 로마 교황 우르바누스(Urbanus) 2세는 기독교 세계에서 본인의 지위를 높이기 위해 성지 **예루살렘 탈환**을 명목으로 십자군을 파견했습니다. 그러나 원정이 성공한 것은 처음뿐이었습니다. 십자군은 문명이 융성한 선진 지역으로 떠난 원정이었고, 유럽 문명의 성장을 촉진시켰습니다.

키워드 십자군

11세기 말~13세기 말에 이슬람교도로부터 성지 예루살렘을 탈환하기 위해 8회에 걸쳐 벌인 기독교도의 원정.

셀주크 왕조의 이슬람 세계 지배

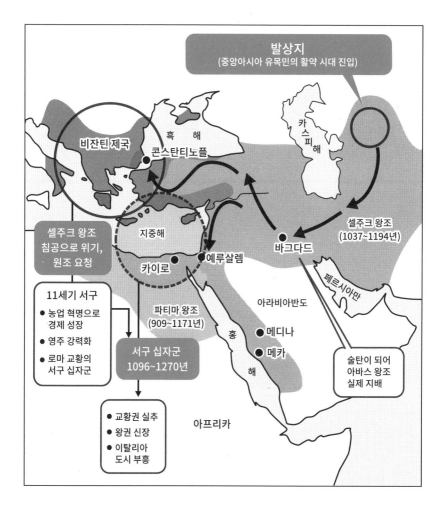

발상지
(중앙아시아 유목민의 활약 시대 진입)

비잔틴 제국

흑 해
콘스탄티노플

카스피해

셀주크 왕조
(1037~1194년)

셀주크 왕조
침공으로 위기,
원조 요청

지중해

카이로

예루살렘

바그다드

페르시아만

11세기 서구
● 농업 혁명으로
  경제 성장
● 영주 강력화
● 로마 교황의
  서구 십자군

파티마 왕조
(909~1171년)

아라비아반도

● 메디나

● 메카

홍
해

술탄이 되어
아바스 왕조
실제 지배

**서구 십자군
1096~1270년**

● 교황권 실추
● 왕권 신장
● 이탈리아
  도시 부흥

아프리카

05 초거대 제국 몽골

13세기에 들어서자 중앙아시아 동부에 위치한 몽골고원에서 초거대 제국이 출현했습니다. 그 제국의 열쇠를 쥔 사람은 1206년, 온갖 역경과 시련을 이겨내고 45세에 정복자가 된 **칭기즈 칸**(Chingiz Khan)이었습니다. 그는 전통적 부족사회를 **천호제**라는, 십진법에 기초한 집권체제로 개정하고 말과 활을 활용한 사상 최강의 기마 군단을 조직했습니다. 칭기즈칸은 상민을 지배하겠다는 목표로 서아시아를 지배하던 유목 튀르크계의 호라즘(Khorezm), 중앙아시아 동부의 상업을 지배한 서하(西夏)를 무너뜨리고, '유라시아의 척추' 중앙아시아에서 초거대 제국을 건설할 토대를 다졌습니다. 군사 정복을 사업으로 생각했던 것이지요. 제2대 오고타이(Ogotai)는 러시아의 키예프 공국과 중국 북방을 지배하던 금나라를 무너뜨렸고, 제4대 몽케 칸(Möngke Khan)이 **바그다드를 파괴**하며 이슬람 제국이 유라시아 질서의 중심이던 시대는 막을 내렸습니다.

제5대 칸인 **쿠빌라이**(Khubilai)는 1279년, 남송을 멸망시키고 중국 전체를 발밑에 두었습니다. 그 결과, 이슬람 제국과 중화 제국, 러시아를 지배하는 초거대 제국이 출현했습니다. 경제적으로도 '**팍스 몽골리카**(몽골의 평화)' 시대가 찾아왔습니다. 유라시아 경제를 한 몸으로 만든 것은, 쿠빌라이가 중국을 지배(원나라)할 거점이 되는 **대도**(大都, 오늘날 베이징)와 몽골 제국에서 파생된 일한국(Il汗國, 오늘날 이란과 이라크가 있는 메소포타미아 지역에 세워진 몽골제국의 '4한국' 중 하나. 소아시아 동부와 중앙아시아 일대를 통치했다)의 새로운 수도 타브리즈(Tabriz)를 잇는 '초원길'과 '바닷길'로 구성된 **원환 네트워크**였습니다. 네트워크를 통해 중국 나침반이 유입되고 중국 정보가 늘어나며, 대항해 시대로 이어졌습니다.

키워드 **몽골의 평화**

13~14세기에 유라시아를 지배한, 몽골 제국의 패권 속에서 안정된 시대.

모습을 드러낸 몽골 제국

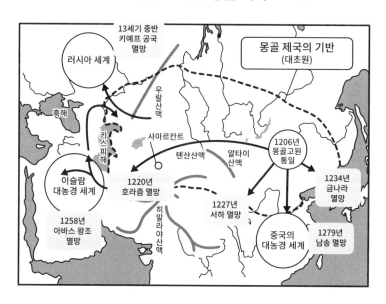

중세 유럽의 상황(14~15세기)

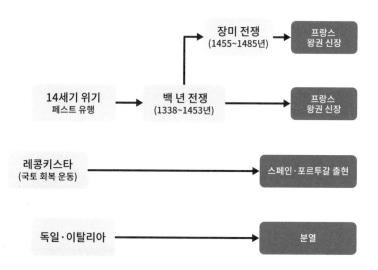

01 아시아에서 재건된 네 개의 거대한 유목 제국

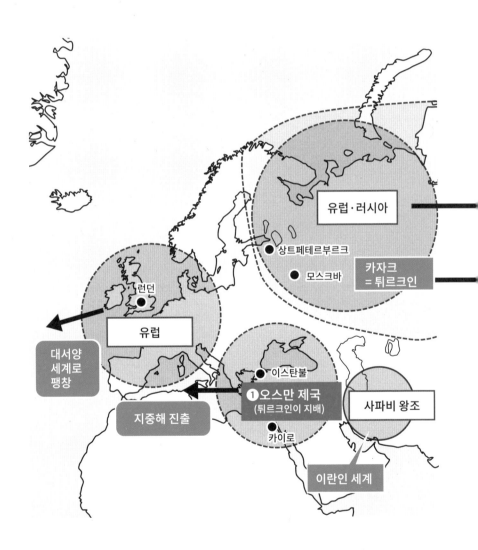

몽골 제국이 붕괴한 이후에도, 유라시아에서는 유목민이 세력을 유지했습니다. 서아시아에는 튀르크인의 오스만 제국, 인도에는 튀르크인이 지배층이 된 무굴 제국, 동아시아에는 만주 유목민인 여진족이 세운 청나라, 북쪽 삼림 지대와 초원 지대에는 튀르크계 카자크를 군사로 동원한 러시아 제국이 분립했습니다. 지역마다 강력한 권력을 지닌 국가(대제국)가 패권을 주장했습니다.

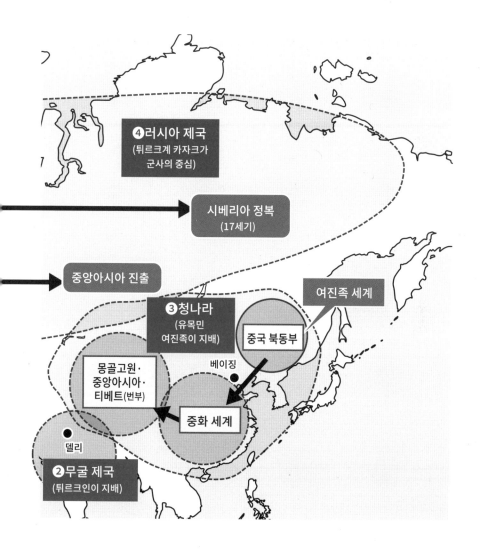

02 중국 사회의 재건을 도모한 명나라

14세기, 원나라의 은 산지였던 운남(雲南) 지방의 풍토병인 페스트가 몽골 네트워크를 타고 각지에 퍼져 중국, 중앙아시아, 이집트, 유럽에서 크게 유행했습니다(14세기의 위기). 그동안 서아시아, 중국, 인도, 러시아에서는 유목민이 제국을 재건하고 19세기부터 20세기까지 강력한 지배를 이어갔습니다.

원나라의 지배를 벗어나려 했던 **홍건의 난**으로 신분을 상승시킨 주원장(명나라를 세운 태조. 홍건적 곽자흥의 수하로 들어간 후, 홍건적 군벌 중 가장 강력한 3대 세력 중 하나로 발돋움했다. 이후 나머지 두 세력을 제치고, 강남을 평정해 명나라를 건국했다)은 호풍(유목 문화와 제도)을 철폐하자는 슬로건을 내걸고 **명나라**를 건국했습니다. 그리고 징세와 치안 유지를 담당하는 이갑제라는 조직으로 위에서부터 농업 사회를 재편했습니다. **해금정책**(민간 상인의 해외 무역을 금지하는 정책)을 취해 유라시아 경제에서 벗어났고, 중화사상에 기초한 조공 무역(**감합 무역**)으로 전통적 국제질서를 재건했습니다. 3대 **영락제**(永樂帝)는 베이징으로 천도하고 베트남을 정복했습니다. 이슬람교도였던 환관 **정화**에게 27,000명의 장병과 60여척의 함대를 내리고 인도 서안과 페르시아만(일부는 동아프리카)으로 **남해 원정**을 떠나게 한 결과, 조공 사절은 점점 더 늘어났습니다.

15세기에 들어서자 몽골 세력이 부활했습니다. 명나라는 오늘날 남아있는 만리장성 건설과 몽골인과의 전투에 막대한 비용을 들여야 했습니다. 또한 해양 세계에서는 일본의 이와미 광산(石見銀山)에서 채굴된 은 수출, 포르투갈인의 내항, 스페인의 마닐라를 거점으로 한 은 무역 등으로 **실버 러시**(Silver Rush)가 일어났는데도 불구하고 강건하게 해금정책을 관철해, 상인을 '왜구'로 단정 짓고 탄압하는 등 세계의 흐름에 따라가지 못했습니다. 결국 1644년, 이자성이 이끈 농민 반란으로 명나라는 멸망했습니다.

키워드 14세기의 위기

페스트가 유행해 인구가 1/3로 감소하는 한편, 백 년 전쟁, 농민 봉기 등이 일어나며 50년간 이어진 유럽의 위기.

대립하는 티무르 제국과 명나라

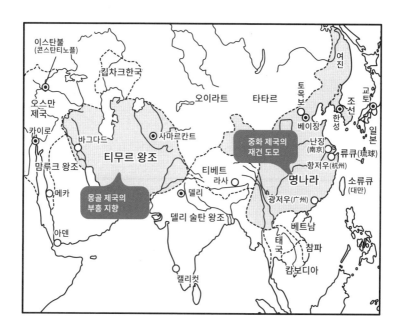

이스탄불
(콘스탄티노플)

킵차크한국

오이라트

타타르

토목보

여진

교토

조선
한성

일본

오스만
제국

베이징

카이로

바그다드

사마르칸트

중화 제국의
재건 도모

난징
(南京)

류큐(琉球)

맘루크 왕조

티무르 왕조

티베트
라사

항저우(杭州)

소류큐
(대만)

메카

몽골 제국의
부흥 지향

델리

명나라

광저우(广州)

아덴

델리 술탄 왕조

베트남

태국

참파

캄보디아

캘리컷

명나라의 중국 사회 재편

행정 개혁	6부를 황제에게 직속
병제 개혁	위소제(군호·민호 구별)구성
재정 기반 정비·확립	원나라 말기 농민 반란으로 요동친 농촌 질서 재편. 황제 지배권 강화 도모 ●이갑제(촌락 행정조직) ●어린도책(토지대장) ●부역황책(호적·조세대장)
대외정책	해금정책→조공무역(군신관계 무역)

03 최대의 중화 제국, 청나라

'만주의 칭기즈 칸' **누르하치**(Nurhachi)는 여진족을 통일하고, 행정과 군사를 일체화한 **팔기**와 만주 문자를 창시해 후금을 건국했습니다. 후금을 통해 후에 청나라가 되는 제국의 기반을 다졌지요. 1644년 이자성의 난으로 명나라가 멸망하자, 만주를 통일하고 조선과 내몽골을 복속시켰던 여진족이 중국 본토에 들어와 농민 봉기를 진압했습니다. **여진족**은 베이징으로 천도하고 **청나라**를 수립했습니다. 4대 강희제, 5대 옹정제, 6대 건륭제 삼대가 재위한 약 130년간 이 청나라의 전성기였습니다. 황제들은 몽골 제일주의를 취하다 실패한 몽골 제국에서 교훈을 얻어, 명나라 제도를 이어받아 과거를 실시했습니다. 또한 **만한우수관제**를 도입해 만주인과 한인의 공동 정치 체제를 채택하는 등 한인을 회유하기 위해 노력했습니다. 한편 여진족의 전통 머리 모양인 '**변발**'을 한인에게 강요해 여진족과의 동화를 꾀했고 언론도 엄격하게 통제했습니다.

청나라의 특색은 드넓은 유목 세계를 솜씨 좋게 지배하고, **중화 제국과 유목 민족을 결합한** '로컬 몽골 제국'을 재건했다는 데에 있습니다. 청나라는 티베트 불교를 국교로 지정해 신자였던 몽골인을 온순하게 만들었고, 그 군사력을 정복 활동에 이용했습니다. 티베트, 몽골, 칭하이(青海), 동투르키스탄(신장, 新疆) 등의 지역은 이번원이라는 관청이 관할했고, 자치를 인정하는 **번부**(유목 지대)로서 지배했습니다. 또한 조선, 류큐, 베트남, 타이, 미얀마 등의 국가는 전통적인 책봉 체제에 편입시켜 동아시아 전체를 지배하는 **사상 최대의 중화 제국**을 완성했습니다. 책봉 국가 외의 영역은 이후, 오늘날 중화인민공화국이 이어받았습니다.

키워드 책봉 체제

중화 제국의 황제가 주변 군주에게 관위, 작위를 내리고 군신 관계를 맺어 통치를 인정하는 제도.

동아시아 제2의 초거대 제국 '청나라'

시베리아

네르친스크

헤이룽[黑龍]강

이번원이 지배

캬흐타

아이훈(愛琿, 오늘날 아이후이)

우량카이(오랑캐)

성경(盛京, 오늘날 심양)

일본

부하라

이리 중가르부

할하부

베이징

조선

에도

사마르칸트

카슈가르

차하르부

텐진(天津)

한성

허텐

회부

시안(西安)

청

닝보(寧波)

티베트

청두(成都)

우창(武昌)

라사

델리

샤먼(廈門)

푸저우(福州)

무굴 제국

미얀마

광저우

6부가 지배

루손섬

태국

베트남

벵골만

남중국해

///// 청나라 직할지
XXXX 청나라 번부
■ 청나라 종속국

청나라의 팽창

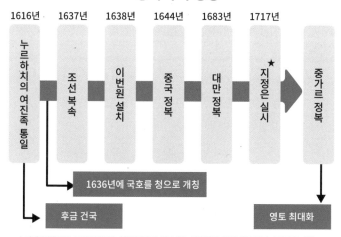

1616년	1637년	1638년	1644년	1683년	1717년	
누르하치의 여진족 통일	조선 복속	이번원 설치	중국 정복	대만 정복	★ 지정은 실시	중가르 정복

1636년에 국호를 청으로 개칭

후금 건국

영토 최대화

★지정은(地丁銀, 토지세와 오늘날 주민세에 해당하는 인정세를 합친 세금을 통지에만 부과하고, 은으로 징수하던 세금 제도-역주)

04 티무르 제국과 무굴 제국

티무르(Timur)는 본인을 큐레겐(몽골 제국 칭기즈 칸 가문의 부마)이라 칭하고, 아미르로서 중앙아시아에서 서아시아로 세력을 넓혔습니다. 부족과 지역의 자립을 인정하는 느슨한 통합을 이룬 티무르는 **몽골을 부흥시키겠다**는 목표로, 그의 압도적 리더십을 바탕으로 대제국을 건국했습니다. 1402년, **앙카라 전투**에서 신흥 오스만 왕조를 무너뜨렸고 1405년, 군대 20만 명을 동원해 명나라로 원정을 떠나려 했으나 시르(Syr)강 중류에 위치한 도시인 오트라르(Otrar)에서 병사했습니다. 제국은 부족의 배반과 잇따른 내란으로 약해져, 1507년 북쪽 고원 지대에서 남하한 튀르크계 유목민 우즈베크인에게 멸망했습니다.

티무르 제국이 멸망한 때, 마지막 황제 바부르(Bābur)는 북인도로 도망쳐 델리를 수도로 삼은 **무굴 제국**을 창건했습니다. '무굴'은 튀르크어로 '몽골'이라는 뜻입니다.

이슬람교도인 튀르크인은 소수였고, **대다수 주민은 힌두교도**였습니다. 13세에 즉위한 3대 **아크바르**(Akbar) **황제가 힌두교도를 민완하게 회유**해, 마침내 무굴 제국의 기반을 다잡았습니다. 무굴 제국은 **튀르크인 군인**이 지배층이자 공용어도 페르시아어를 사용하는 전형적인 정복 국가였지만, 세금은 지방 관료가 전통적인 방법으로 징수했고 튀르크인에게는 보유한 군사력에 비례해 세금을 분배했습니다. 무굴 제국은 약 150년간 안정기를 누렸지만, 6대 아우랑제브(Aurangzeb) 황제가 데칸고원 이남 지역 원정을 위해 과도한 세금을 부과하고 엄격한 이슬람화 정책을 펼치면서 힌두교도가 이탈하게 되었습니다. 중국의 전국시대와 같은 상황에 빠진 겁니다.

키워드 아미르

아라비아어로 '군 사령관·총독'이라는 뜻. 그 후 왕족의 칭호로도 이용되었다.

티무르 제국에서 무굴 제국으로

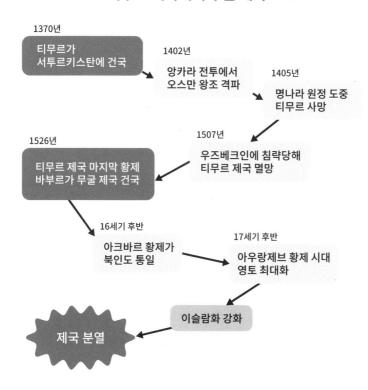

1370년
티무르가
서투르키스탄에 건국

1402년
앙카라 전투에서
오스만 왕조 격파

1405년
명나라 원정 도중
티무르 사망

1507년
우즈베크인에 침략당해
티무르 제국 멸망

1526년
티무르 제국 마지막 황제
바부르가 무굴 제국 건국

16세기 후반
아크바르 황제가
북인도 통일

17세기 후반
아우랑제브 황제 시대
영토 최대화

이슬람화 강화

제국 분열

아크바르 시대에 제정된 관료제도
'만사브다르 제도'

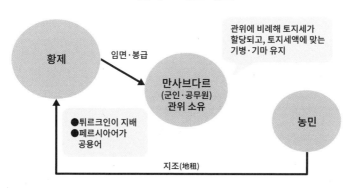

황제

임면·봉급

만사브다르
(군인·공무원)
관위 소유

관위에 비례해 토지세가
할당되고, 토지세액에 맞는
기병·기마 유지

●튀르크인이 지배
●페르시아어가
공용어

농민

지조(地租)

05 두 세계를 통합한 오스만 제국

이슬람 세계와 비잔틴 제국의 경계에서 탄생한 오스만 왕조는 동방에 티무르라는 강적이 나타나자, 쇠퇴한 비잔틴 제국을 침식하는 데 집중해 세력을 넓혔습니다. 이슬람교를 중시한 오스만 왕조는 동방의 이슬람 세계에서 학자(울라마)를 초빙해 재판관 등의 자리를 내주며 **이슬람법에 근거한 보편적 국가** 형성을 지향했습니다. 제국에서는 이교도에게도 일정한 세금을 납부하는 조건으로 신앙을 인정해주었습니다.

1453년, 오스만 왕조는 비잔틴 제국과 오십여 일간의 공방 끝에 수도 콘스탄티노플을 함락시키고, 비잔틴 제국을 멸망으로 몰아넣었습니다. 이어서 1517년, 시리아, 이집트, 아라비아반도의 대부분을 지배하고 이집트에 망명한 아바스 왕조의 칼리프에게서 그 지위를 인계받았습니다. 일찍이 없던 **로마 제국과 이슬람 제국의 통합**이 이루어진 것입니다.

16세기 전반, **술레이만 1세** 시대에 들어서자 오스만 왕조의 지배 영역은 이라크 지방, 아라비아반도, 시리아, 아나톨리아, 발칸반도와 아프리카 북안까지 다다랐습니다. 술레이만 1세는 '세 대륙에 발을 걸친 제국의 지배자'가 되어 군림했습니다. 제국에서는 튀르크어로 말하는 이슬람교도는 모두 '오스만인'으로 간주하며 다양한 민족의 통합을 도모했습니다. 제국은 인적 재산으로서, 발칸반도 출신의 크리스트교 자제를 조세 대신 징용해 이슬람 교육을 받게 하고 관료나 병사(예니체리, Janissary)로 등용하며 제국을 지탱했습니다.

키워드 예니체리

튀르크어로 '새로운 군대'라는 뜻. 크리스트교도의 자제를 개종시켜 징용한 상비 친위대.

오스만 제국의 확대

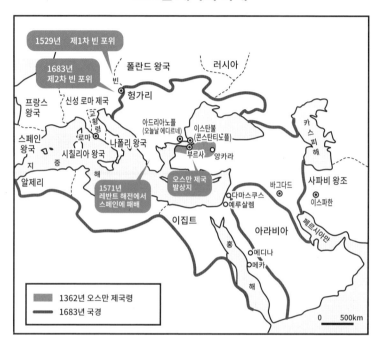

오스만 제국의 융성

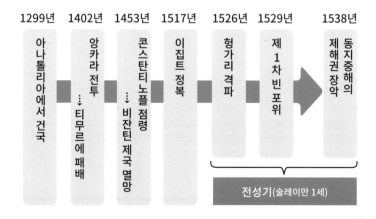

06 러시아 제국과 시베리아 정복

모스크바 대공 이반 3세는 1480년, 몽골인이 200년간 지배하던 볼가(Volga) 강 수계를 자립시키고 러시아도 해방시켰습니다. 1453년 비잔틴 제국이 멸망하자 **이반 4세**는 본인을 **차르**(황제)라 칭하고 그리스 정교를 이용해 자신의 지배에 권위를 부여했습니다. 17세기에 들어서자 러시아는 유목 튀르크인 카자크를 이용해 불과 60여 년 만에 '모피의 보고' 시베리아를 정복하고 국내 식민지로 삼았습니다. 카자크는 이후 중앙아시아의 유목민도 정복했습니다.

17세기 후반 즉위한 **표트르 대제**는 해양 국가로 번영한 네덜란드나 영국을 동경해 러시아의 서구화를 목표로 삼았습니다. 북방 전쟁으로 스웨덴을 격파하고 발트해의 패권을 쥔 뒤, 새로운 수도 상트페테르부르크를 건설하고 천도하며 **유럽의 일원**이 되기 위해 노력했습니다. 중앙아시아와 연이 깊은 모피 상인의 나라 러시아가 해양 국가로의 전환을 도모한 것이지요. 표트르 대제의 유언으로 고용된 덴마크인 **베링**(Vitus Jonassen Bering)은 시베리아와 알래스카 사이에 위치한 해협(베링해협)을 탐험했고, 훌륭한 모피를 얻을 수 있는 바다 서식 동물, **수달**의 존재를 확인했습니다. 그 후 러시아인은 수달을 쫓아 알래스카와 쿠릴열도까지 진출했습니다.

18세기 후반, 근위병과 결탁해 남편을 암살하고 황제가 된 예카테리나 2세의 치세 속에서 러시아는 더욱 강대해졌고, 흑해로 남하해 오스만 왕조를 위협할 정도가 되었습니다.

키워드 카자크

튀르크어 '자유인'에서 유래했다. 유목에 종사했고, 튀르크인과 슬라브인 출신이다. 기병으로서 러시아의 정규병이 되었다.

최대 육지 제국 러시아

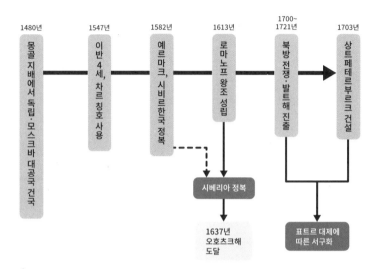

1480년 — 몽골 지배에서 독립·모스크바 대공국 건국

1547년 — 이반 4세, 차르 칭호 사용

1582년 — 예르마크, 시비르한국 정복

1613년 — 로마노프 왕조 성립

1700~1721년 — 북방 전쟁·발트해 진출

1703년 — 상트페테르부르크 건설

시베리아 정복

1637년 오호츠크해 도달

표트르 대제에 따른 서구화

러시아의 시베리아 진출

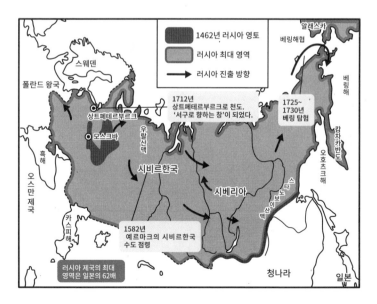

1462년 러시아 영토
러시아 최대 영역
→ 러시아 진출 방향

알래스카
베링해협
베링해
스웨덴
폴란드 왕국
1712년
상트페테르부르크로 천도.
'서구로 향하는 창'이 되었다.
상트페테르부르크
1725~1730년
베링 탐험
캄차카반도
모스크바
우랄산맥
흑해
오스만 제국
시비르한국
시베리아
오호츠크해
스타노보이산맥
1582년
예르마크의 시비르한국 수도 점령
카스피해
러시아 제국의 최대 영역은 일본의 62배
청나라
일본

제3부

해양 세계의 확장과
유럽의 부흥

01 대항해 시대와 설탕과 은

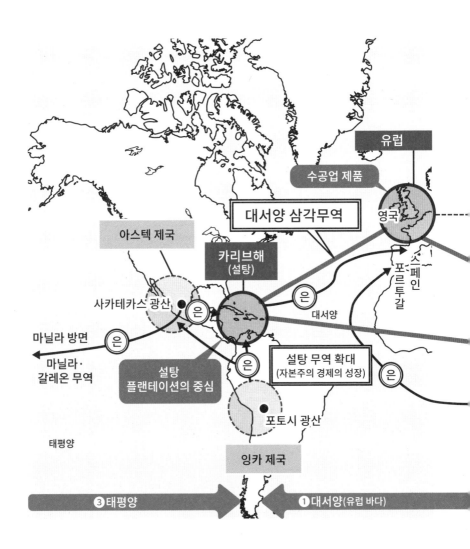

대항해 시대에 대서양이 개발되면서 이슬람의 바다였던 인도양과 지표면의 3분의 1을 차지한 태평양을 연결해 세계는 바다에서부터 재편되었습니다.

새롭게 '유럽인의 바다'가 된 대서양은, 카리브해의 설탕 생산이 낳은 자본주의 경제와 신대륙에서 캐낸 은이 세계를 순환하며 세계 경제를 일체화하면서, 새로운 시대를 만드는 원동력이 되었습니다.

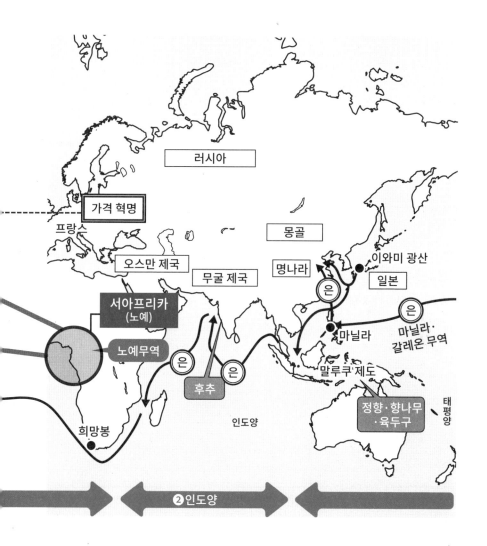

02 대항해 시대

지표면의 70%는 바다로, 육지가 차지하는 면적보다 훨씬 넓은 면적을 가지고 있습니다. 15세기까지 세계사의 무대는 지중해에서 서아시아, 인도, 중국에 달하는 띠 모양을 한 지역들 위주였습니다. **대항해 시대**는 그 무대를 크게 바꿨습니다. 육지 중심에서 **바다 중심 세계사**로 대전환했지요.

대항해 시대는 포르투갈의 **엔히크**(Henrique) **항해 왕자**가 아프리카 서안을 탐험하면서 시작됐는데, 바르톨로뮤 디아스(Bartolomeu Diaz)가 **희망봉**(Cape of Good Hope)**을 발견**하면서 더욱 탄력이 붙어 1490년대, 단번에 발전했습니다.

1490년대에 일어난 탐험 항해는 다음과 같은 순서로 진행되었습니다. 1492년, **콜럼버스**가 서쪽으로 항해하며 중국 및 '황금의 섬 지팡구'로 항로를 개발하는 데에 성공했습니다(실제로는 '신대륙'이었지요). 1493년, 콜럼버스는 다시 항해해 카리브해에 위치한 에스파냐 섬(아이티 섬)에 스페인의 거점을 건설했습니다. 1497년, 영국 왕의 지원을 받은 베네치아의 항해사 **캐벗**(Cabot, John)이 '황금의 섬 지팡구'를 찾아 뉴펀들랜드(캐나다)에 도달했습니다. 같은 해, 포르투갈의 **바스쿠 다가마**(da Gama, Vasco)가 희망봉을 우회해 아시아 해역에 진입했고, 그다음 해인 1498년 인도 서안에 위치한 캘리컷에 도달했습니다. 이어서 스페인 왕의 명을 받아 향료 제도로 향하는 서쪽 우회 항로를 개발하던 포르투갈인 **마젤란**이 1521년 **태평양**의 존재를 밝혔습니다.

그 결과, 지구상에 존재하는 모든 대양과 대륙의 분포도가 밝혀졌고, 새로운 지구관을 얻게 된 유럽인이 바다를 기점으로 세계 통합에 나서기 시작했습니다.

키워드 대항해 시대

스페인과 포르투갈의 탐험·항해를 계기로 미국과 아프리카, 아시아에 식민·약탈·상업을 목적으로 진출한 시대

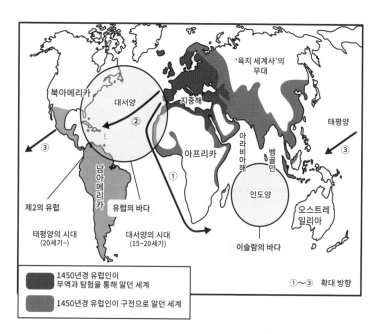

세계사의 무대 확대

'육지 세계사'의 무대

북아메리카

대서양

지중해

태평양

아프리카

아라비아해

벵골만

남아메리카

인도양

오스트레일리아

제2의 유럽

유럽의 바다

태평양의 시대
(20세기~)

대서양의 시대
(15~20세기)

이슬람의 바다

1450년경 유럽인이
무역과 탐험을 통해 알던 세계

1450년경 유럽인이 구전으로 알던 세계

①~③ 확대 방향

포르투갈·스페인의 항해 전쟁

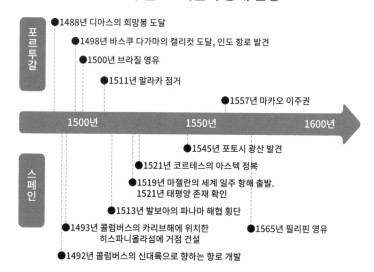

포르투갈

●1488년 디아스의 희망봉 도달

●1498년 바스쿠 다가마의 캘리컷 도달, 인도 항로 발견

●1500년 브라질 영유

●1511년 말라카 점거

●1557년 마카오 이주권

1500년   1550년   1600년

스페인

●1545년 포토시 광산 발견

●1521년 코르테스의 아스텍 정복

●1519년 마젤란의 세계 일주 항해 출발.
1521년 태평양 존재 확인

●1513년 발보아의 파나마 해협 횡단

●1493년 콜럼버스의 카리브해에 위치한
히스파니올라섬에 거점 건설

●1565년 필리핀 영유

●1492년 콜럼버스의 신대륙으로 향하는 항로 개발

03 정복당한 아스테카와 잉카

16세기 전반 정복당하기 직전 아메리카 대륙의 인구는 약 8천만 명 이상으로 추정됩니다. 정복자였던 스페인과 포르투갈 양국의 인구는 약 8백만 명 이하 수준이었고, 유럽 전체 인구도 약 6천만 명이었으리라 추정되지요.

이질적인 문명이 조우할 때, 침입당한 쪽은 전체를 볼 수 없기에 불리합니다. 스페인인이 정복한 멕시코의 **아스테카 제국**, 페루의 **잉카 제국**은 모두 2천 미터에서 3천 미터 정도의 고산 지대에 세워졌고, 경사지에서도 재배할 수 있는 옥수수를 주곡으로 한 폐쇄적인 산악 문명이었기 때문에 더욱 불리했습니다. 결국 두 제국은 세계사에 종속적으로 편입되었습니다.

16세기 전반 아메리카 대륙에서는 아직 바퀴가 발명되지 않았고, 소와 말도 존재하지 않았습니다. 아스테카와 잉카 제국은 도보로 이동하는 고지대 제국이었기 때문에 규모에는 한계가 있었습니다. 두 제국은 소와 말, 그리고 총이라는 경이로운 무기를 사용하는 스페인의 군대와 조우한 후 침입자를 과대평가해 스페인인에 대한 공포를 눈덩이처럼 불렸고, 눈 깜짝할 새에 정복당했습니다. '유목민 폭발 시대'에 유럽을 위협한 소와 말, 그 후에 개발된 총이 신대륙의 거대 제국을 무너뜨린 것이지요. 그 후, 엘도라도 전설을 듣고 남아메리카 각지로 유럽인이 진출했습니다. 스페인인이 들여온 **천연두**에 걸려 아스테카 제국에서는 16세기에 약 2천만 명, 17세기에는 백만 명이 감소했다고 합니다.

키워드 엘도라도 전설
남미 콜롬비아에 위치한 보고다 지방의 선주민 수장이 매일 금가루를 몸에 바를 정도로 금이 풍족하다는 '황금 전설.'

정복당한 아스테카와 잉카

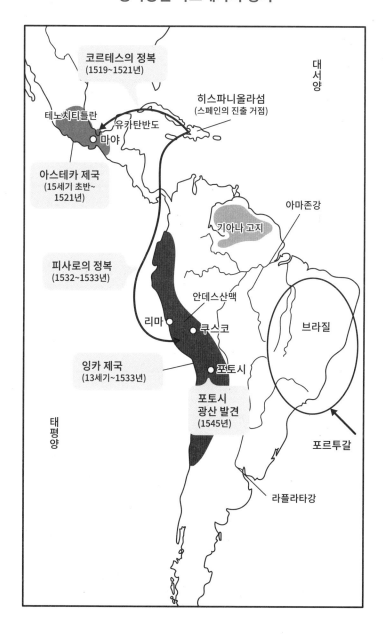

코르테스의 정복
(1519~1521년)

대서양

히스파니올라섬
(스페인의 진출 거점)

테노치티틀란

유카탄반도
마야

아스테카 제국
(15세기 초반~
1521년)

아마존강

기아나 고지

피사로의 정복
(1532~1533년)

안데스산맥

리마
쿠스코

브라질

잉카 제국
(13세기~1533년)

포토시

포토시
광산 발견
(1545년)

태평양

포르투갈

라플라타강

04 설탕 농장과 자본주의 경제

사탕수수는 이슬람 제국이 통치할 때 '약'으로서 인도에서 지중해 세계로 유입되었습니다. 그 후, 제노바 상인이 포르투갈 남부로 들이면서 대항해 시대에는 대서양의 각 섬에서 사탕수수를 대규모로 생산하게 되었습니다.

이윽고 사탕수수는 포르투갈의 식민지인 브라질에 이식되었고, 플랜테이션으로 서아프리카에서 사온 흑인 노예를 부리며 양산하게 되었습니다. 그 설탕을 사모아, 유럽 시장에서 판매한 업자는 네덜란드 상인이었습니다.

스페인이 포르투갈을 합병할 때, 스페인과 독립을 걸고 싸운 네덜란드인은 브라질에서 쫓겨났습니다. **네덜란드인**은 사탕수수 재배와 **노예무역**을 함께 카리브해로 들여왔습니다. 지금부터가 중요합니다. 17세기 후반, 네덜란드인에게 사탕수수 재배법을 배운 영국인은 **자메이카섬**에서, 프랑스인은 히스파니올라섬 서부(현 아이티) 산도밍고에서 대대적으로 사탕수수를 재배하며 이익을 얻었습니다. 서아프리카에서 유통한 막대한 수의 흑인 노예들이 노동력을 제공했습니다. 제당 작업장이 부설된 사탕수수의 플랜테이션은 상업을 전제로 했으며, 노동력인 흑인 노예와 노예들을 위한 식량, 농장 시설, 농기구, 설탕을 정제하기 위한 공장 등을 전부 상품으로서 구입했고, 설탕을 유럽에서 팔면서 자본주의 경제를 성장시켰습니다.

키워드 플랜테이션
유럽 국가들이 열대·아열대에 형성한 대토지 소유를 기반으로 한 단일 환금성 작물 농장.

18세기 영국의 삼각 무역

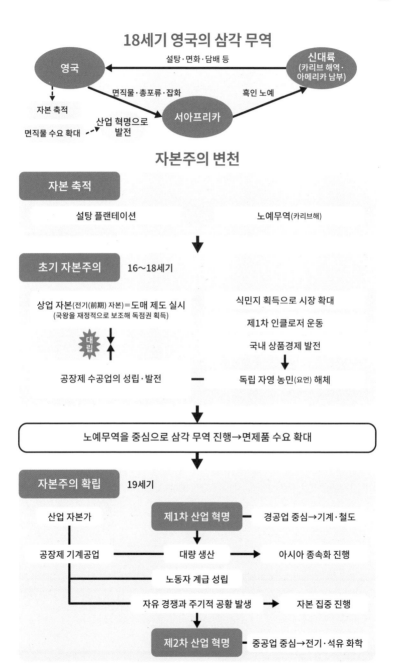

영국 ← 설탕·면화·담배 등 ← 신대륙 (카리브 해역·아메리카 남부)

자본 축적

면직물·총포류·잡화

흑인 노예

서아프리카

면직물 수요 확대 --▶ 산업 혁명으로 발전

자본주의 변천

자본 축적

설탕 플랜테이션   노예무역(카리브해)

초기 자본주의 16~18세기

상업 자본(전기(前期) 자본)=도매 제도 실시
(국왕을 재정적으로 보조해 독점권 획득)

식민지 획득으로 시장 확대

제1차 인클로저 운동

국내 상품경제 발전

대립

공장제 수공업의 성립·발전 ── 독립 자영 농민(요먼) 해체

노예무역을 중심으로 삼각 무역 진행→면제품 수요 확대

자본주의 확립 19세기

산업 자본가

제1차 산업 혁명 ── 경공업 중심→기계·철도

공장제 기계공업 ── 대량 생산 ──▶ 아시아 종속화 진행

노동자 계급 성립

자유 경쟁과 주기적 공황 발생 ──▶ 자본 집중 진행

제2차 산업 혁명 ── 중공업 중심→전기·석유 화학

05 세계 각지로 흘러든 대량의 은

신대륙과 유럽, 아시아의 경제를 처음으로 하나로 묶은 존재는, 신대륙에서 캔 저렴한 은이었습니다. 1545년 페루의 **포토시 광산**, 그다음 해에 멕시코 광산이 잇따라 발견되었습니다. 1503년부터 1660년까지 약 1만 5천 톤에 달하는 은이 신대륙에서 스페인으로 흘러들었습니다. 그 유입량은 연간 200톤 이상으로, 유럽산 은과 생산량 차이가 어마어마했지요. 그때까지 유럽의 은 생산량은 연간 약 30톤이었는데 그 6~7배에 해당하는 은이 흘러든 겁니다. 유럽의 은 가격은 폭락했고, 16세기부터 17세기 전반까지 물가는 세 배에서 네 배로 치솟았습니다. 이른바 '가격 혁명'이 일어난 겁니다. 이때 투자와 투기가 일반화되었습니다.

포르투갈은 유럽에서 저렴해진 은을 서아시아, 인도, 동아시아로 운반했고 명나라나 일본과 무역을 진행했습니다. 16세기 후반이 되자, 스페인은 대형 범선 갈레온으로 매년 아카풀코(멕시코)와 마닐라(필리핀)의 사이를 잇는 **마닐라·갈레온 무역**을 개시했고, 신대륙에서 캔 저렴한 은 중 3분의 1이 동아시아에 대량 유입되었습니다.

이렇게 동아시아에서 실버 러시가 시작되었습니다. 명나라 푸젠(福建) 지방의 상선은 대만 해협을 건너, 나라에서 금지했던 마닐라와의 밀무역을 진행해 면과 도자기 등 토산품을 스페인의 저렴한 은과 교환했습니다. 토산품은 태평양을 횡단하고 카리브해를 경유해 대서양을 건너 유럽에 도달했습니다. 마닐라·갈레온 무역은 1565년부터 1815년까지 250년간 이어졌습니다.

키워드 가격 혁명

16세기 중반부터 17세기 전반에 걸쳐 중남미에서 대량의 저렴한 은이 서구로 유입되어, 서구의 화폐 가치가 큰 폭으로 하락했던 현상.

신대륙의 은이 키운 세계 경제

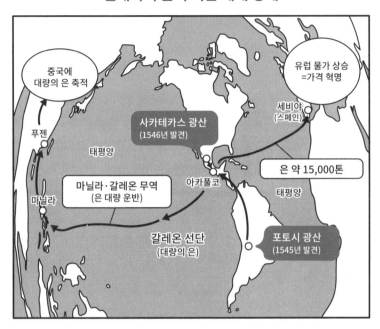

대항해 시대가 가져온 유럽 경제 변화

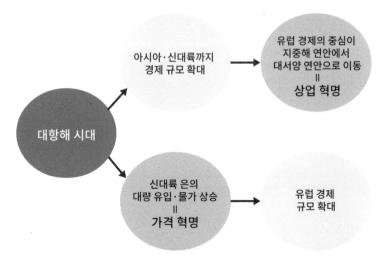

01 세계사 속 르네상스와 종교 개혁

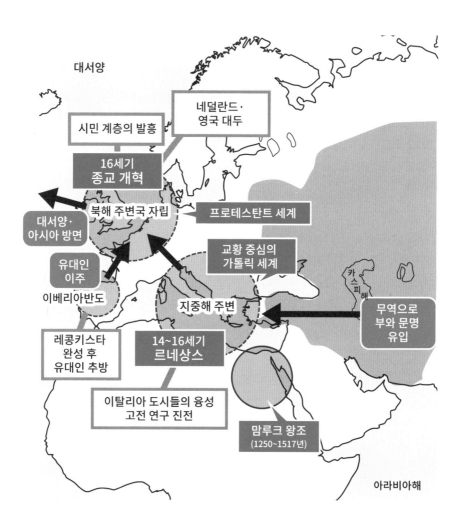

몽골 제국이 지배하던 시대, 동서양 문명이 교류하며 이슬람과 인도, 중국 문명은 지중해에 유입되었습니다. 유라시아 상업으로 번영을 누린 이탈리아 도시들 사이에서 르네상스가 퍼졌습니다. 하지만 오스만 제국이 떠오르며 경제의 중심이 대서양으로 이동했고, 유럽 경제의 중심 또한 종교 개혁으로 네덜란드와 영국으로 이동했습니다.

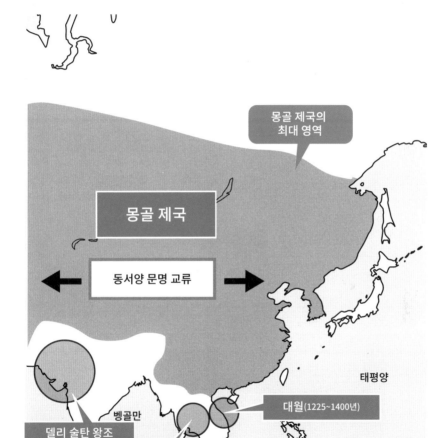

몽골 제국의 최대 영역

몽골 제국

동서양 문명 교류

태평양

대월(1225~1400년)

벵골만

델리 술탄 왕조
(1206~1526년)

수코타이 왕조
(13~15세기)

02 르네상스와 종교 개혁

'르네상스'와 '종교 개혁'은 서양사의 기본 개념입니다. 이슬람 세력이 후퇴하면서 지중해 교역은 이탈리아 도시들이 대신 이끌어갔고, **베네치아, 제노바, 피렌체** 등 여러 도시가 번성했습니다. 이탈리아의 르네상스는 14세기에 시작되었는데, 15세기 중반 비잔틴 제국이 멸망하면서 그 문물과 인재가 대거 흘러들었고 **미켈란젤로**나 **다빈치** 등의 예술가들이 활약한 16세기에 정점을 찍었습니다. 막대한 부를 통해 부흥한 고대 그리스와 로마의 예술 양식은 성당, 궁전, 가옥을 아름답게 장식했습니다.

1517년, 피렌체의 명문 가문인 메디치 가 출신의 교황 레오 10세는 로마의 성 베드로 대성당(San Pietro Basilica)을 재건축하기 위해 필요한 막대한 비용을 조달하고자, 독일에 대대적으로 **대사**(代謝, 면죄부)를 발행했습니다. 이에 반발해 루터(Martin Luther)는 '**95개조 의견서**'를 발표하며 면죄부의 무효를 주장했습니다. 그의 주장은 이렇습니다. "오직 신앙을 통해서만 인간은 구원받으며, 인간인 교황은 인간을 구원할 수 없다." 루터는 《성서》를 독일어로 번역하고 《성서》에 근거한 새로운 크리스트교(신교)를 창시했습니다. 루터의 주장에 동의한 프랑스의 **칼뱅**(Jean Calvin)은 신의 절대지상을 강조하고, 사후 구원 여부는 생전에 결정된다는 '**구원 예정설**'을 제창했습니다. 근로와 검약을 주장하고 재산 축적을 긍정적으로 바라본 그의 가르침은 상공업자에게 크게 지지받았습니다. 구교를 믿는 남유럽에서, 신교를 믿는 북해 주변의 네덜란드와 영국이 자립했습니다.

키워드 르네상스

'재생'을 뜻하는 프랑스어. 14세기부터 16세기까지 펼쳐진 그리스·로마 고전 문화 부흥 운동이다.

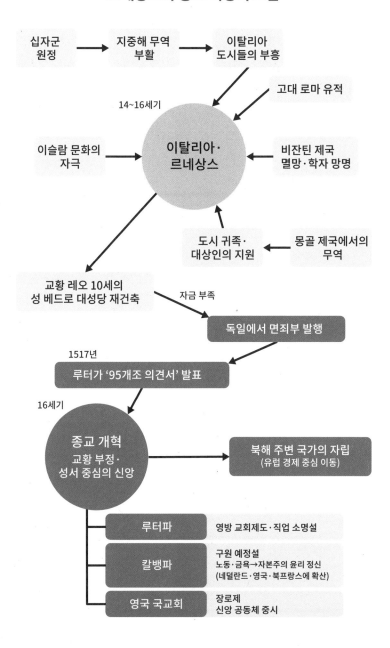

르네상스와 종교 혁명의 흐름

십자군
원정 → 지중해 무역
부활 → 이탈리아
도시들의 부흥

고대 로마 유적

14~16세기

이슬람 문화의
자극 → **이탈리아·
르네상스** ← 비잔틴 제국
멸망·학자 망명

도시 귀족·
대상인의 지원 ← 몽골 제국에서의
무역

교황 레오 10세의
성 베드로 대성당 재건축 자금 부족

독일에서 면죄부 발행

1517년

루터가 '95개조 의견서' 발표

16세기

종교 개혁
교황 부정·
성서 중심의 신앙 → 북해 주변 국가의 자립
(유럽 경제 중심 이동)

루터파 영방 교회제도·직업 소명설

칼뱅파 구원 예정설
노동·금욕→자본주의 윤리 정신
(네덜란드·영국·북프랑스에 확산)

영국 국교회 장로제
신앙 공동체 중시

03 절대주의 시대

유럽의 봉건 제도는 십자군 원정의 거듭된 실패로 제후와 기사가 몰락하면서 붕괴했습니다. 그 후 13~14세기, 영국 의회나 프랑스 삼부회 등 **신분제 의회**에게 협력을 받은 국왕 중심의 중앙 집권 국가(**신분제 국가**)가 출현했습니다.

루터가 불을 지핀 종교 개혁으로 로마 교황이 단독으로 유럽을 지배하던 체제가 무너지자, 프랑스의 위그노 전쟁, 네덜란드 독립 전쟁, 십삼 년 전쟁, 청교도 혁명과 같이 유럽 내에서 구교파와 신교파가 싸우는 **종교 전쟁**이 벌어졌습니다. 1648년, **웨스트팔리아 조약**(삼십 년 전쟁의 강화 조약)으로 신성 로마 제국의 지배가 무너지고, 국왕을 주인(주권자)으로 하는 '**주권 국가**'가 등장했습니다.

전쟁이 이어지는 동안, 국왕은 전쟁에 대응하기 위한 **상비군**이나 **관료**를 키워 독재 지배 체제를 견고히 했습니다. 그게 바로 절대주의입니다. 권력을 유지하기 위해 많은 비용이 필요했던 왕은 자금을 낼 수 있을 만한 특권 상인과 결탁하고 대항해 시대 이래 발전을 계속해 온 세계 상업에 편승해 무역을 확대했습니다. 무역 차액으로 인해 수입이 증가하고 식민지를 경영하면서 화폐를 축적하는 **중상주의 정책**을 펼쳤지요. 이 시대의 국가에서는 당연하게도 봉건적 토지 지배와 신분 질서가 계속되었지만, 국가가 대상인과 함께 수입 확대를 꾀하는 중상주의 정책을 택했기 때문에 시민 계층의 경제력이 강해졌습니다.

18세기 이후 **시민 혁명**으로 절대 왕정이 붕괴하자, 왕을 주인으로 한 '주권 국가'는 의회를 중심으로 한 '**국민 국가**'로 바뀌어 갔습니다.

키워드 절대주의

16세기부터 18세기 근대 국가로 향하는 이행기에 유럽에서 출현한, 왕이 절대적 권력을 지닌 정치 형태. 주권 국가라고도 한다.

세계사에서 절대주의 시대의 위치

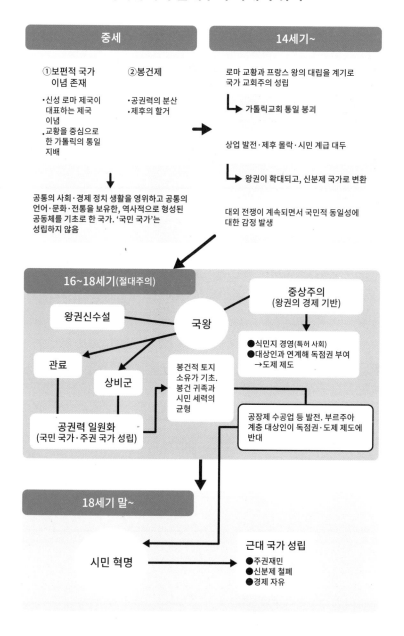

중세

①보편적 국가
이념 존재

- 신성 로마 제국이
대표하는 제국
이념
- 교황을 중심으로
한 가톨릭의 통일
지배

②봉건제

- 공권력의 분산
- 제후의 할거

공통의 사회·경제 정치 생활을 영위하고 공통의
언어·문화·전통을 보유한, 역사적으로 형성된
공동체를 기초로 한 국가. '국민 국가'는
성립하지 않음

14세기~

로마 교황과 프랑스 왕의 대립을 계기로
국가 교회주의 성립

↳ 가톨릭교회 통일 붕괴

상업 발전·제후 몰락·시민 계급 대두

↳ 왕권이 확대되고, 신분제 국가로 변환

대외 전쟁이 계속되면서 국민적 동일성에
대한 감정 발생

16~18세기(절대주의)

왕권신수설

국왕

중상주의
(왕권의 경제 기반)

- 식민지 경영(특허 사회)
- 대상인과 연계해 독점권 부여
→도제 제도

관료

상비군

봉건적 토지
소유가 기초.
봉건 귀족과
시민 세력의
균형

공권력 일원화
(국민 국가·주권 국가 성립)

공장제 수공업 등 발전. 부르주아
계층 대상인이 독점권·도제 제도에
반대

18세기 말~

시민 혁명

근대 국가 성립

- 주권재민
- 신분제 철폐
- 경제 자유

04 네덜란드에서 영국으로 옮겨간 패권

높은 세금에 더해 구교파 종주국인 스페인의 영향으로 종교 탄압까지 당하던 네덜란드는, 칼뱅파(신교)인 상공업자가 중심이 되어 **네덜란드 독립 전쟁**(1568~1648)을 80년간 계속한 끝에 스페인에게서 독립을 쟁취했습니다. 독립 후 네덜란드는 청어와 **자반비웃**(절인 청어)으로 부흥했고, 모직 산업, 조선업, 해운으로도 성장을 이룩했습니다. 1602년에는 세계 최초 주식회사인 **동인도 회사**를 설립하고, 동남아시아 및 동아시아와 무역을 진행하며 큰 수익을 올렸습니다. 해운국인 네덜란드는 발트해에서의 곡물 무역, 아시아 무역 등으로 유럽 경제를 주도했습니다.

한편 영국에서는 엘리자베스 1세 통치기에 더 많은 양의 모직물을 신대륙으로 수출했습니다. 1588년에는 '**무적함대**(아르마다)'로 두려움의 대상이던 스페인 해군을 격파했고, 대서양의 제해권(制海權)을 장악했습니다. 왕정을 타도하고 공화정을 세운 **크롬웰**(Cromwell)은 1651년 항해법을 제정해 네덜란드의 무역업에 큰 타격을 입혔습니다. 또한 **영국·네덜란드 전쟁**에서 승리하며 네덜란드에게서 유럽 경제의 패권을 빼앗았습니다. 그 후 일시적으로 왕정이 복고되었지만, 1688년 **명예혁명**이 일어나면서 영국 왕의 부마였던 네덜란드 총독 윌리엄이 아내와 함께 새로운 왕으로 즉위하며, '권리 장전'에 따라 의회를 중심으로 **입헌군주정**을 확립했습니다. 명예혁명은 루이 14세의 통치로 발흥한 프랑스에 대항하여 맺은 영국·네덜란드 동맹이기도 했습니다. 혁명 후 많은 유대인이 네덜란드에서 영국으로 이주해 금융 개혁에 나섰고, **국채** 발행과 지폐 발행 권한을 가진 민간 은행인 **잉글랜드 은행**을 창설했습니다.

키워드 항해법

영국과 영국의 식민지에서 외국 선박을 배제하기 위한 법으로, 특히 네덜란드의 중계 무역에 타격을 입히려는 목적으로 제정된 법이었다.

네덜란드 세계 무역

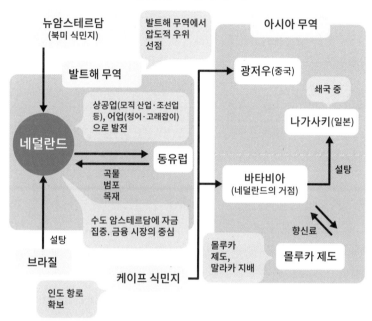

뉴암스테르담
(북미 식민지)

발트해 무역에서 압도적 우위 선점

아시아 무역

발트해 무역

상공업(모직 산업·조선업 등), 어업(청어·고래잡이)으로 발전

광저우(중국)

쇄국 중

나가사키(일본)

네덜란드

동유럽

곡물
범포
목재

수도 암스테르담에 자금 집중. 금융 시장의 중심

바타비아
(네덜란드의 거점)

설탕

설탕

향신료

몰루카 제도,
말라카 지배

몰루카 제도

브라질

케이프 식민지

인도 항로
확보

영국의 세계 무역

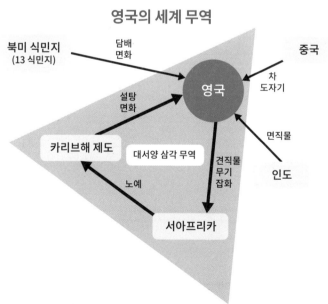

북미 식민지
(13 식민지)

담배
면화

중국

영국

차
도자기

설탕
면화

카리브해 제도

대서양 삼각 무역

견직물
무기
잡화

면직물

인도

노예

서아프리카

05 영국과 프랑스의 식민지 전쟁

17세기, 영국은 동인도 회사를 설립하고 동남아시아에 진출했습니다. 그런데 1623년, 네덜란드가 인도네시아에 있던 영국의 상관(商館)을 습격하고 관원 모두를 살해한 암보이나 사건 이후, 영국은 아시아 무역의 중심을 인도로 이동했습니다. 하지만 영국은 그 이후 **영국·네덜란드 전쟁**에서 네덜란드를 격파했고 새로운 해양 제국으로서 명성을 드높였습니다. 당시 네덜란드의 상업적 이익을 우선한 군비 삭감 정책은 경제 성장에는 효과가 있었지만, 군사 대립 시대에는 몰락의 원인이 되었습니다.

해양 제국이 된 영국의 다음 적은 육지 대국 프랑스였습니다. 무대는 북아메리카로 옮겨갑니다. '바다를 제패한 자는 세계를 제패한다'는 말로 유명한 월터 롤리(Raleigh, Sir Walter)가 엘리자베스 1세에게 붙인 호칭 '처녀왕'에서 유래한 지명인 북아메리카 내 첫 영국 식민지 버지니아 식민지를 시작으로, 영국은 북아메리카에 열세 곳의 식민지를 구축했습니다. 그리고는 모피 무역을 위해 캐나다와 미시시피강 유역을 지배하던 프랑스와 세력 전쟁을 벌이게 되었습니다.

영국은 막대한 금액의 **적자 국채**를 쌓으면서도 유럽 최대의 육군 국가인 프랑스와 전쟁을 반복해, 유럽에서 벌어진 칠 년 전쟁(유럽대국들이 슐레지엔 영유를 둘러싸고 둘로 갈라져 싸운 거대한 전쟁(1756~1763).)과 함께 북아메리카에서 전개된 **프렌치·인디언 전쟁**(영국과 프랑스가 북아메리카에서 벌인 전쟁(1754~1763). 프랑스가 인디언 부족과 동맹해 영국의 식민지를 공격한 데서 이름 붙였다-역주)에서 승리했습니다. 영국은 프랑스로부터 캐나다와 미시시피강 유역의 루이지애나(Louisiana)를 획득하고, **북아메리카의 패권**을 손에 쥐었습니다. 유럽, 아메리카, 인도에 걸친 큰 전쟁에서 프랑스에게 승리한 영국은 유럽의 패권 국가가 되었습니다. 바다에서 힘을 얻은, **영국 제국**이 탄생한 것이죠.

키워드 루이지애나

17세기 말, 라살(La Salle)이 탐험하여 찾아낸 미시시피강 유역의 프랑스 식민지. 루이 14세에게 헌상 되었다.

패권을 다툰 영국과 프랑스

제2차 백 년 전쟁				
경제 패권을 둘러싼 영국과 프랑스의 다툼은 18세기에 들어서 더욱 격렬해졌다. 유럽에서 일어난 전쟁은 식민지에서의 전쟁도 반드시 동반했다.				

영국 동향	아메리카 대륙에서 전개된 전쟁	유럽에서 전개된 전쟁	전쟁의 결과	프랑스 동향
청교도 혁명		영국·네덜란드 전쟁 (1652~1654년)	네덜란드의 해상 패권을 영국이 쟁취	루이 14세
명예혁명	윌리엄 왕 전쟁 (1689~1697년)	팔츠 전쟁 (1688~1697년)	결정적인 승리 없음	
의회 정치 발달	앤 여왕 전쟁 (1702~1713년)	스페인 계승 전쟁 (1701~1713년)	위트레흐트 조약 (1713년)에 따라 영국은 프랑스로부터 허드슨만 지방·뉴펀들랜드, 스페인으로부터 지브롤터 등 영토와 독점적 노예 공급권 획득 ↓ 설탕 무역과 함께 영국에 막대한 부를 가져옴	
	조지왕 전쟁 (1744~1748년)	오스트리아 계승 전쟁 (1740~1748년)	아헨의 화약 (1748년)	루이 15세
산업 혁명 진행	프렌치·인디언 전쟁 (1755~1763년)	칠 년 전쟁 (1756~1763년)	파리 조약(1763년) 영국의 결정적인 승리. 북아메리카 식민지 지배	

중상주의 시대에 식민 활동이 활발했던 이유

왕권 강화 → 관료·상비군 충분 → 자금 필요 → 활발해진 식민 활동 ← 식민지 획득 전쟁에서 승리한 국가가 산업·국제 정치에서 주도권 획득

01 환대서양 세계의 변혁

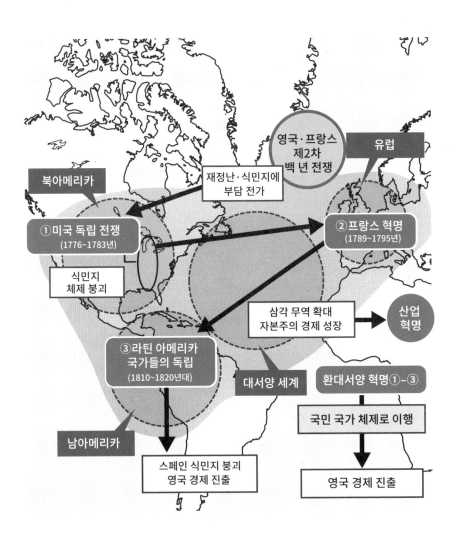

미국 독립 전쟁, 프랑스 혁명, 라틴 아메리카 국가들의 독립이 연쇄적으로 일어나며(환대서양 혁명), 대서양 세계에서 세계 최초로 의회를 중심으로 한 국민 국가 체제가 성립했습니다. 영국의 대서양 삼각 무역을 중심으로 대서양의 자본주의 경제가 크게 확산되었습니다. 반면 아시아에서는 제국의 강력한 지배 체제가 지속되었고, 신구 두 세계의 차이가 극명해졌습니다.

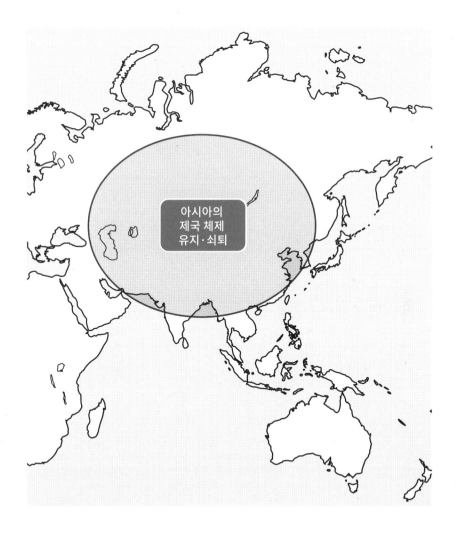

아시아의
제국 체제
유지·쇠퇴

02 미국 독립 전쟁과 환대서양 혁명

대서양 세계는 미국 독립 전쟁을 시작으로, **국민 국가 체제로 바뀌어 갔습니다.** 미국이 독립하고 수년 후, 프랑스 혁명이 발발했고, 1810~1820년대 라틴 아메리카에 위치한 일련의 국가들이 독립했습니다.

영국은 프랑스와의 식민지 전쟁에서 승리하고 북아메리카를 식민지로 삼았지만, 1억 3,000만 파운드나 되는 적자 국채를 부담해야 하는 상황에 놓였습니다. '**인지법**'을 제정해 식민지에 본국과 같은 수준의 과세를 매기려고 시도했지만, 식민지가 그에 반발하며 균열이 점점 더 벌어졌습니다. 당시에는 소득세가 없었고, 간단한 인지세를 매겨 세금을 징수했기 때문입니다(인지법이란 신문, 서적, 공문서 등 각종 문서에 정부의 인지를 첨부하여 세금을 징수하려는 법으로, 독립 혁명이 발발한 이유 중 하나가 되었다). 1773년, 영국이 동인도 회사에 차(茶)의 독점 판매권을 부여하는 '**차조령**'을 제정하자, 그 법령을 막으려고 **보스턴 차 사건**이 일어났습니다.

1775년, 보스턴 교외에서 식민지의 민병과 영국군의 무력 충돌이 발생했습니다. 1776년, 각 식민지의 대표가 모인 대륙 회의에서 국민 주권과 권리 평등을 내용으로 하는 '**독립 선언**'을 채택했고, 결국 독립 전쟁이 시작되었습니다. 영국을 약하게 만들려던 **프랑스의 무기 원조**와 파병, 중립 동맹을 결성한 유럽 국가들의 지원까지 받은 결과, 13개 식민지는 1783년 파리 조약에서 독립을 달성하고, 미시시피강 동쪽에 위치한 토지를 영국에게서 획득했습니다. 영국 왕의 지배에서 벗어난 식민지에는 국왕이 없었고, 의회가 주권을 쥔 세계 최초의 국민 국가가 성립했습니다.

1787년에는 아메리카 합중국 헌법이 제정되어 연방 정부가 수립되었고, 워싱턴이 초대 대통령의 자리에 올랐습니다.

키워드 국민 국가

시민 혁명 등을 통해 권력과 주권이 국왕에서 국민을 대표하는 의회로 옮겨간 국가. 근대 국가.

대서양 세계에서 전 세계로 퍼진 '국민 국가'

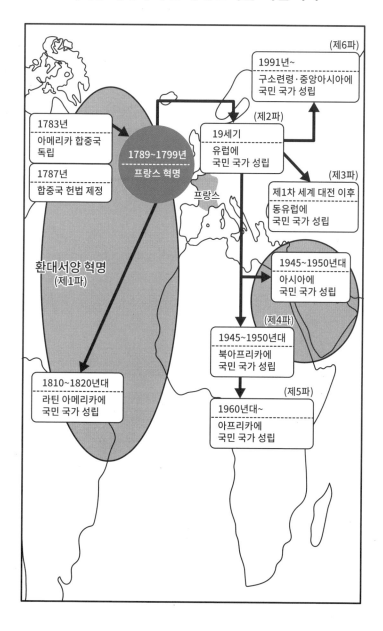

03 프랑스 혁명

　18세기에 프랑스를 통치하던 부르봉 왕조는 식민지 전쟁으로 우위에 섰던 영국의 세력을 약화시키기 위해 미국 독립 전쟁에 무기를 지원하고 파병도 보냈습니다. 하지만 일련의 식민지 전쟁으로 재무 부담이 커진 데 더해, 구체제(**앙시앵 레짐**, Ancien Régime)에서 광대한 토지를 보유한 귀족이 면세 특권을 누리면서 심각한 재정난에 시달렸습니다.

　지구에 일시적으로 한랭기가 찾아오며 계속된 흉작으로 막다른 곳에 다다른 부르봉 왕조는 귀족에게 과세해 위기를 극복하려 했지만, 귀족은 비협조적이었고 삼부회 개최를 요구했습니다. 개최된 삼부회에서는 제3신분(삼부회 구성원 중 피지배 계급을 대변하던 도시 부르주아 계급을 이른다. 제1신분은 성직자, 제2신분은 귀족이므로 그 외 모든 사람을 뜻하는 게 일반적이다)이 '우리들은 프랑스 국민 중 대다수이며, 세금도 부담하고 있다'고 주장하며 **국민 의회**를 결성했습니다. 헌법 제정 또한 요구하기에 이르렀습니다.

　이런 움직임에 국왕 루이 16세가 무력 탄압 태세를 보이자 1789년 7월, 파리 시민이 **바스티유**(Bastille) 감옥을 습격해 파리의 지배권을 장악했습니다. 프랑스 혁명이 발발한 것이지요. 8월에는 '독립 선언'을 참고해 라파예트(Lafayette)가 초안을 작성한 '**인권 선언**'을 의회에서 채택했습니다. 그리고 1793년, 혁명이 과격해지던 중 혁명을 반대하던 루이 16세가 처형되면서 '국민 국가'가 성립했습니다. 혁명은 자코뱅(Jacobin)파의 독재, 온건파의 반격 등의 과정을 거쳐 1795년 **총재 정부**가 성립하며 끝을 맺었습니다. 이 프랑스 혁명을 계기로, 대서양 세계에서 일어난 정치 변혁의 물결이 유럽을 휩쓸었습니다. 하지만 프랑스에서는 오래된 지역 사회와 사회 집단이 새로운 국가로 그대로 이어졌기 때문에, 혁명 후에도 기득권은 바뀌지 않았습니다.

키워드 자코뱅파

자코뱅 수도원을 본거지로 한 의회 내 급진 좌파.

프랑스 혁명의 과정

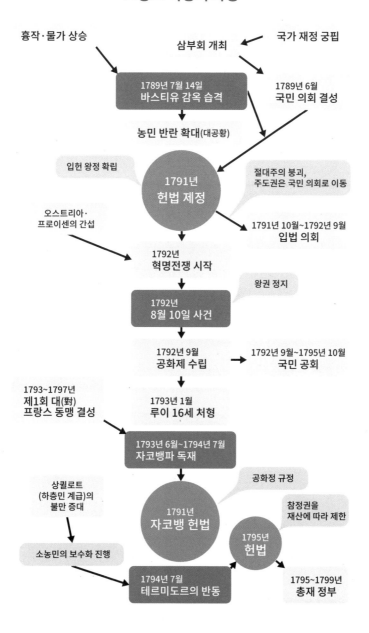

흉작·물가 상승

국가 재정 궁핍

삼부회 개최

1789년 7월 14일
바스티유 감옥 습격

1789년 6월
국민 의회 결성

농민 반란 확대(대공황)

입헌 왕정 확립

1791년
헌법 제정

절대주의 붕괴,
주도권은 국민 의회로 이동

오스트리아·
프로이센의 간섭

1791년 10월~1792년 9월
입법 의회

1792년
혁명전쟁 시작

왕권 정지

1792년
8월 10일 사건

1792년 9월
공화제 수립

1792년 9월~1795년 10월
국민 공회

1793~1797년
제1회 대(對)
프랑스 동맹 결성

1793년 1월
루이 16세 처형

1793년 6월~1794년 7월
자코뱅파 독재

상퀼로트
(하층민 계급)의
불만 증대

공화정 규정

1791년
자코뱅 헌법

참정권을
재산에 따라 제한

1795년
헌법

소농민의 보수화 진행

1794년 7월
테르미도르의 반동

1795~1799년
총재 정부

04 나폴레옹 시대

총재 정부가 성립한 이후에도 프랑스에서는 좌우 세력의 대립과 제1회 대 프랑스 동맹의 압박으로 인해 정세 불안이 이어졌습니다. 그 상황에서 등장 한 군인 나폴레옹은 두 번에 걸쳐 대프랑스 동맹을 해체시키며 인기를 높였고, 1802년 종신 통령이 되었습니다. 1804년에는 **나폴레옹 법전**(프랑스 민법전)을 발포해 시민 사회의 질서를 확립했고, 같은 해 국민 투표로 프랑스 황제 자리 에 올랐습니다.

혁명을 지키기 위해 **징병제**로 조직된 새로운 군대를 통솔한 나폴레옹은, 1805년 아우스터리츠(Austerlitz) 전투에서 러시아군과 오스트리아군을 격파했 습니다. 다음 해 **신성 로마 제국을 해체**하고 친프랑스 성향의 서남독일 국가들 을 **라인 동맹**으로서 조직했습니다. 징병제를 바탕으로 한 강력한 나폴레옹군 은 유럽 내에서 군정과 정치 개혁을 촉진했고, 신성 로마 제국이 해체되며 유 럽 전통 질서가 붕괴했습니다.

나폴레옹은 프로이센을 무너뜨리고 1806년, 영국에 타격을 입히기 위해 대 륙의 여러 국가와 영국 사이의 무역을 금지하는 **대륙 봉쇄령**을 내렸습니다. 하 지만 영국과의 무역에 의존하던 대륙 국가들의 경제가 마비되며 실패했습니 다. 러시아 원정이나 라이프치히 전투에도 패배해 1814년, 지중해의 엘바섬으 로 유배당했습니다. 프랑스에서는 부르봉 왕조가 부활하고, 전후 처리를 위한 빈(Wien) 회의가 열렸습니다. 회의가 한창일 때 섬을 탈출한 나폴레옹은 다시 제위에 올랐지만, 워털루 전쟁에서 영국이나 네덜란드 등의 연합군에 패배하 며 '**백일천하**'는 끝이 났습니다.

키워드 라이프치히 전투

나폴레옹의 지배에서 벗어나기 위해 프로이센을 중심으로 라이프치히에서 유럽 국가들이 해방 과 독립을 위해 싸운 전쟁.

나폴레옹의 대륙 지배 구조

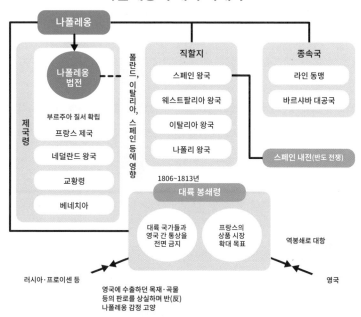

나폴레옹

나폴레옹 법전

부르주아 질서 확립

프랑스 제국

네덜란드 왕국

교황령

베네치아

제국령

폴란드, 이탈리아, 스페인 등에 영향

직할지

스페인 왕국

웨스트팔리아 왕국

이탈리아 왕국

나폴리 왕국

종속국

라인 동맹

바르샤바 대공국

스페인 내전(반도 전쟁)

1806~1813년
대륙 봉쇄령

대륙 국가들과 영국 간 통상을 전면 금지

프랑스의 상품 시장 확대 목표

역봉쇄로 대항

러시아·프로이센 등

영국에 수출하던 목재·곡물 등의 판로를 상실하며 반(反) 나폴레옹 감정 고양

영국

프랑스 정치 추이(19세기)

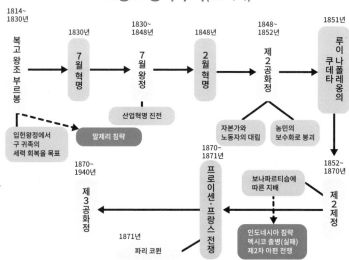

1814~1830년
복고 왕조 부르봉

1830년
7월 혁명

1830~1848년
7월 왕정

1848년
2월 혁명

1848~1852년
제2공화정

1851년
루이 나폴레옹의 쿠데타

산업혁명 진전

입헌왕정에서 구 귀족의 세력 회복을 목표

알제리 침략

자본가와 노동자의 대립

농민의 보수화로 붕괴

1870~1940년
제3공화정

1870~1871년
프로이센·프랑스 전쟁

1871년
파리 코뮌

보나파르티즘에 따른 지배

인도네시아 침략 멕시코 출병(실패) 제2차 아편 전쟁

1852~1870년
제2제정

05 면직물과 산업 혁명

카리브해에서 설탕 생산량이 늘어나면서 노예무역의 규모도 커졌습니다. 새로운 경제 변화에 대응하기 위해 영국 동인도 회사가 인도의 면직물(캘리코)을 대서양 시장에 들여온 후, 면직물은 큰 사랑을 받으면서 **세계 상품**이 되었습니다. 영국에서는 카리브 해역의 플랜테이션으로 재배한 면화를 모직물 기술을 활용해 **면직물**로 만들려 했고, 대서양 시장에서 면직물의 수요가 증가하면서 산업 혁명으로 이어졌습니다.

1760년대, 면직물을 생산할 때 존 케이가 1733년 발명한 모직물 직포 도구 '플라잉 셔틀(Flying Shuttle)'을 이용하면서 직포 능률이 곱절로 향상되었고, 재료가 되는 면사(綿絲)의 공급량이 면직물 생산량을 따라가지 못하게 되었습니다. 심각한 면사 부족(실 기근)을 해결하기 위해 기술 혁신이 이루어졌습니다. 직공이자 목수였던 하그리브스(Hargreaves, 1764년 실 80가닥을 동시에 자를 수 있는 방적기를 발명했다), 가발 제조업자였던 아크라이트(Arkwright, 수력을 이용한 방적 기계인 워터 프레임을 발명했다. 이 기계는 오늘날 방적 기계의 기원이 되었다), 직공 크럼프턴(Crompton, '뮬'이라는 정교한 방적기를 발명했다) 등 비발명가들이 방적 기계를 잇달아 발명했습니다.

존 케이가 발명한 모직물 직포 도구를 이용하던 것이 기계의 발명으로 이어졌으니, 기계가 면사와 면직물 생산을 조그만 작업장에서 큰 공장으로 이동시킨 셈이지요.

와트(Watt)는 탄광에서 배수할 때 쓰이던 대형 증기 기관을 개량해 **소형 증기 기관**을 만들어냈고, 한 쌍의 톱니바퀴를 조합해 피스톤의 왕복운동을 회전운동으로 바꿔 **기계의 동력**으로 삼았습니다.

산업 혁명은 과거의 태양 에너지를 축적한 석탄을 이용하는 화석 연료 시대로 전환되게 만들었고, 이는 생산의 장이 되는 도시의 '폭발'로 이어졌습니다.

키워드 산업 혁명

수공업 생산에서 공장제 생산으로의 변혁과, 변혁에 동반한 경제·사회 구조의 대변화.

산업 혁명의 과정

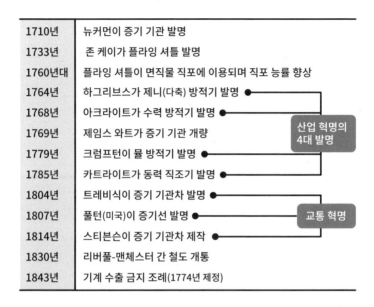

1710년	뉴커먼이 증기 기관 발명
1733년	존 케이가 플라잉 셔틀 발명
1760년대	플라잉 셔틀이 면직물 직포에 이용되며 직포 능률 향상
1764년	하그리브스가 제니(다축) 방적기 발명
1768년	아크라이트가 수력 방적기 발명
1769년	제임스 와트가 증기 기관 개량
1779년	크럼프턴이 뮬 방적기 발명
1785년	카트라이트가 동력 직조기 발명
1804년	트레비식이 증기 기관차 발명
1807년	풀턴(미국)이 증기선 발명
1814년	스티븐슨이 증기 기관차 제작
1830년	리버풀-맨체스터 간 철도 개통
1843년	기계 수출 금지 조례(1774년 제정)

산업 혁명의 4대 발명

교통 혁명

산업 혁명의 배경

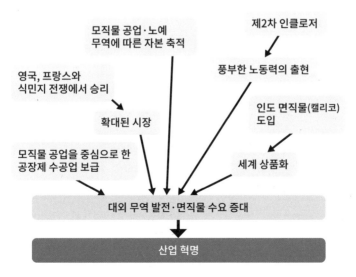

모직물 공업·노예 무역에 따른 자본 축적

제2차 인클로저

영국, 프랑스와 식민지 전쟁에서 승리

풍부한 노동력의 출현

확대된 시장

인도 면직물(캘리코) 도입

모직물 공업을 중심으로 한 공장제 수공업 보급

세계 상품화

대외 무역 발전·면직물 수요 증대

산업 혁명

제4부

세계 질서를 전환한 19세기

01 19세기 유럽의 사회 변동

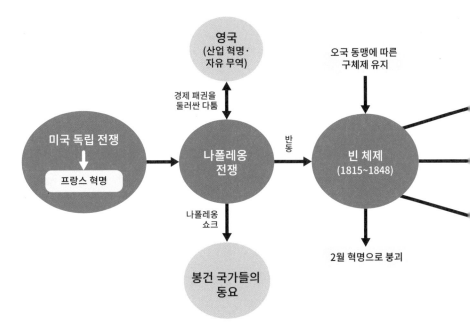

유럽 귀족 사회는 프랑스 혁명 후 나폴레옹 전쟁으로 크게 흔들렸지만, 나폴레옹이 무너지자 '정통주의'를 내세운 빈 체제 내에서 귀족 사회의 부흥을 꾀했습니다. 하지만 산업 혁명이 유럽에 보급되면서 빈 체제는 붕괴되었고, 19세기 후반에는 자유주의와 국민주의, 자본주의가 꽃을 피운 시대에 들어섰습니다.

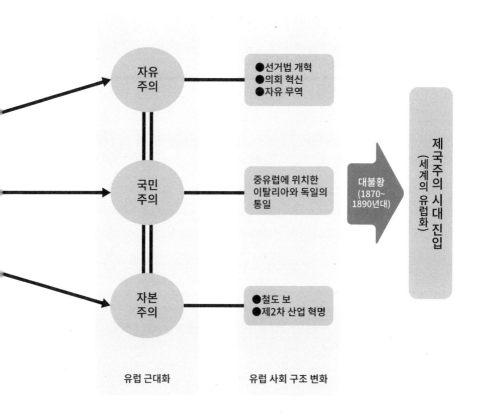

02 빈 체제의 성립과 붕괴

프랑스 혁명이 대표하는 유럽 변혁은 대서양 세계가 변동하면서 영향을 받아 움직인 것으로, 유럽에서는 왕이 주인인 '주권 국가'에서 왕족과 귀족이 여전히 은연한 세력을 보전하고 있었습니다. 왕족과 귀족에게 프랑스 혁명 이후의 변화는 '악몽'이었지요.

나폴레옹이 실각한 후, 유럽 대륙을 지배한 나폴레옹 제국을 다시 분할하고 새로운 질서를 세우기 위해 1814년부터 그다음 해까지 왕국 90국과 공국 53국이 참가한 **빈 회의**가 열렸습니다. 회의를 주관한 오스트리아 재상 메테르니히(Metternich)는 프랑스 혁명 이전에 존재한 주권과 영토를 정통으로 하는 <u>정통주의</u>를 주장했고, 이를 기반으로 기존 유럽으로 회귀를 꾀했습니다. 이 움직임을 '**빈 체제**(1815~1848)'라고 합니다. 프랑스 혁명의 영향을 받아 유럽 각지에서 시민의 권리 확대를 도모하는 자유주의, 약소민족의 독립을 주장하는 민족주의가 퍼지는 움직임에 대항해, 각국이 함께 귀족 사회를 지키려 한 것이지요.

빈 체제에서 대국(大國)은, 군주들이 현상 유지를 도모하는 관념적인 신성 동맹을 결성했고, 주요 4개국이 사국 동맹(1818년부터 프랑스도 참여하며 **오국 동맹**)이라는 군사 동맹을 맺으며 이 동맹들을 기반으로 유지했습니다. 하지만 1820년대 영국이 라틴 아메리카 독립에 대한 간섭을 반대하며 오국 동맹을 탈퇴했고 그 후 1829년 그리스 독립, 1830년 프랑스 부르봉 왕조를 무너뜨린 **7월 혁명**, 1848년 프랑스 왕정이 무너진 **2월 혁명**, 2월 혁명이 독일에 파급시킨 **3월 혁명**이 일어나며 빈 체제는 붕괴했습니다.

키워드 정통주의

프랑스 혁명과 나폴레옹 전쟁 이전의 왕위와 왕국을 부활시켜 유럽의 국제 질서를 재건하자는 주장.

빈 체제의 성립과 붕괴

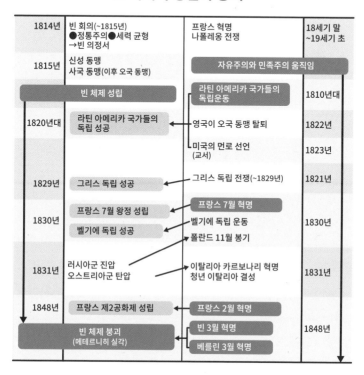

1814년	빈 회의(~1815년) ●정통주의 ●세력 균형 →빈 의정서	프랑스 혁명 나폴레옹 전쟁	18세기 말 ~19세기 초
1815년	신성 동맹 사국 동맹(이후 오국 동맹)	자유주의와 민족주의 움직임	
	빈 체제 성립	라틴 아메리카 국가들의 독립운동	1810년대
1820년대	라틴 아메리카 국가들의 독립 성공	영국이 오국 동맹 탈퇴	1822년
		미국의 먼로 선언 (교서)	1823년
1829년	그리스 독립 성공	그리스 독립 전쟁(~1829년)	1821년
1830년	프랑스 7월 왕정 성립	프랑스 7월 혁명	1830년
	벨기에 독립 성공	벨기에 독립 운동	
		폴란드 11월 봉기	
1831년	러시아군 진압 오스트리아군 탄압	이탈리아 카르보나리 혁명 청년 이탈리아 결성	1831년
1848년	프랑스 제2공화제 성립	프랑스 2월 혁명	1848년
	빈 체제 붕괴 (메테르니히 실각)	빈 3월 혁명 베를린 3월 혁명	

7월 혁명과 2월 혁명

혁명 원인	7월 혁명(1830년)		2월 혁명(1848년)	
혁명 원인	귀족이나 성직자를 우대한 국왕 샤를10세의 반동 정치에 대한 불만		참정권 제한에 대한 중산층과 하층민, 노동자의 불만	
혁명 주도자	자유주의 대자본가		루이 블랑(사회주의자) 중소자본가·노동자	
혁명 후 정치 체제	입헌군주정(7월 왕정)		공화정(제2공화정)	
	국왕	루이 필리프 (오를레앙가)	대통령	루이 나폴레옹 (나폴레옹의 조카)
	의회	은행가 등 대자본가 중심	의회	온건한 부르주아 공화파

03 철도와 유럽의 공업화

1830년, 영국의 리버풀부터 맨체스터까지의 45킬로미터 거리를 시속 40킬로미터로 연결하는 **세계 최초의 실용 철도**가 개통되었습니다. 철도는 큰 호평을 받았고, 3년간 하루 평균 1,100명의 승객을 태웠습니다. 화물 운송도 순조롭게 진행되어, 주주에게 약 9.5%의 높은 배당액을 지급할 정도로 수익이 올랐습니다. 이 성공을 계기로 철도 건설 붐이 일어, 영국은 '철도광 시대'에 들어섰습니다. 철도 건설은 급속도로 진행되었고, 1850년대 초에는 런던을 중심으로 방사형 철도망이 완성되었습니다.

철도 건설의 여파는 프랑스나 독일 등 유럽 대륙으로 퍼져나가, 국민 국가의 형성에 큰 역할을 수행했습니다. 세계 각지의 철도 건설을 도맡은 나라는 말할 것도 없이 기술 선진국인 영국이었습니다. 1850년대에는 영국에서 생산된 철 중 4할이 레일 재료로 수출될 정도였습니다. 철도는 **활용의 폭이 넓은 종합 산업**이었기 때문에, 영국이 유럽의 공업화를 이끌었습니다. '팍스 브리태니커'는 면직물 산업이 아니라 철도 건설부터 시작된 것이지요.

또한 철도 건설을 발판으로 식민지에서 얻는 수확도 비약적으로 늘어났습니다. 철도는, 식민지에서 내륙부의 물산들을 항구 도시로 운반하거나 서구의 공업 제품을 내륙부로 운반하는 데 도움이 되었습니다. 하지만 식민지의 철도 노선은 항만에서 내륙부로 뻗어 있기만 한 반쪽짜리로, 식민지의 교통 편리를 위한 것은 아니었습니다. 종주국의 수익을 실현하려 만든 시설에 지나지 않은 것이었죠.

키워드 철도광 시대

1840년대 영국에서 일어난, 철도에 대한 투자 버블. 1846년에는 272사의 새로운 철도 회사 설립 신청이 있었다.

미국과 유럽 각국의 산업 혁명

국가	산업 혁명 시기	특징	철도 개통 시기
영국	18세기 중반	산업 혁명이 시작된 나라. '세계의 공장'	1825년
프랑스	19세기 초	1830년 7월 혁명 이후 본격화	1830년대
독일	19세기 전반	1834년 관세 동맹 이후 진전. 중화학 공업 중심	1850년대
미국	19세기 중반	남북 전쟁 이후 본격화. 19세기 말에는 영국·독일을 맹추격	1830년대
일본	19세기 후반	대부분 국가 주도로 진행되었고, 일청·일러 전쟁 이후 진행	1872년
러시아 (소비에트)	19세기 후반	1861년 농노 해방령을 계기로 진전	1838년

'세계의 공장' 영국

몽골 제국이 지배한 지역 범위를 능가할 정도로 식민지를 영유(일본 면적의 약 89배)한 세계사상 최대 제국. 세계 인구 네 명 중 한 명은 영국의 지배를 받았다.

수출품
철강·철도재·기계·석탄·면직물·면제품·삼베 제품

캐나다 (목재·곡류·모피)
미국 (목화·밀가루·담배)
영국령 온두라스 (마호가니·설탕·럼주)
영국령 서인도 (설탕·면화)
브라질 (커피·원면)
칠레
아르헨티나 (식용육·밀가루)
영국
유럽 국가들 (버터·치즈·포도주·아마 제품)
러시아 (목재·밀가루)
터키
이집트 (원면(原綿))
케이프식민지 (양모·금·다이아몬드)
실론 (설탕·차·커피)
청 (차·비단·도자기)
인도 (원면·밀가루·황마·차)
미얀마 (쌀)
말라야 (고무)
일본
오스트레일리아 (양모·금·곡류·육류)
뉴질랜드 (양모·육류·밀가루)

영국 식민지
[　　] 영국 수입품

04 변해가는 중유럽
이탈리아와 독일의 통일

　이탈리아와 독일이 위치한 중유럽은 예로부터 교황청이나 신성 로마 제국이 지배한 지역으로, 교황이나 합스부르크가(Habsburg家, 루돌프1세가 최초로 신성 로마 제국의 황제로 즉위한 이래 약 640년간 헝가리와 오스트리아를 지배한 막강한 세력을 지닌 왕가로, 독일 황제를 배출하기도 했다)라는 구세력의 지배를 받아, 민족 통합이 지연되었습니다. 하지만 빈 체제가 붕괴하고 19세기 후반 '민족주의의 시대'가 도래하자 이탈리아에서도 **민족 국가**를 형성하려는 움직임이 거세졌습니다.

　도시의 자립성이 강해 심각한 분열 상태에 놓였던 이탈리아에서는, 오스트리아의 합스부르크가 밀라노에 위치한 롬바르디아, 베네치아 등 중요 지역을 지배하고 로마 교황과 함께 근대 국가 건설을 저지했습니다. 그런 상황 속에서 사르데냐(Sardegna)섬이나 피에몬테(Piemonte) 등을 지배한 사르데냐 왕국의 재상 **카보우르**(Cavour)는 프랑스 황제 나폴레옹 3세의 야심을 이용했습니다. 프랑스와 밀약을 맺고, 1859년 프랑스군과 함께 오스트리아에 선전포고해 롬바르디아 합병에 성공했습니다. 그다음 해에는 중부 이탈리아로 세력을 뻗쳐, **이탈리아 왕국**을 세웠습니다. 1861년의 일입니다.

　한편 프로이센에서는 비스마르크 수상이 의회의 반대를 무릅쓰고 군비를 증강했고(**철혈 정책**), 1866년 프로이센·오스트리아 전쟁에서 오스트리아를 격파한 이듬해 **북독일 연방**을 결성했습니다. 그 후 프로이센·프랑스 전쟁에서 프랑스를 이기고 1871년 독일 제국을 세웠습니다. 이때, 프랑스와 독일 국경 지대에 위치한 알자스와 로렌 지방이 독일령에 속하게 되었고 양국이 장기적으로 대립하는 원인이 되었습니다. 국민 국가의 우월성을 깨달은 일본도 1868년, 메이지 유신(明治維新)을 일으켰습니다.

키워드 독일 제국

군주국 22개국과 자유도시 3개로 구성된 연방제 제국. 프로이센 국왕은 황제가, 재상은 제국 재상이 되었다.

이탈리아와 독일의 통일

이탈리아	연도	독일
오스트리아가 베네치아·롬바르디아 영유	1815년	독일 연방 성립
청년 이탈리아당 결성	1831년	
	1834년	독일 관세 동맹 성립
사르데냐·오스트리아 전쟁(~1849년)에서 패배	1848년	3월 혁명, 프랑크푸르트 국민회의(~1849년)
사르데냐 왕이 카보우르를 재상으로 등용	1852년	
나폴레옹 3세와 카보우르의 비밀협정 (플롱비에르 밀약)	1858년	
이탈리아 통일 전쟁 (롬바르디아 획득)	1859년	
가리발디가 나폴리 왕국 정복	1860년	
이탈리아 왕국 성립	1861년	프로이센 왕, 빌헬름 1세 즉위
	1862년	프로이센 왕, 비스마르크를 재상으로 등용
	1864년	덴마크 전쟁
베네치아 합병	1866년	프로이센·오스트리아 전쟁
	1867년	북독일 연방 성립
교황령 합병	1870년	프로이센·프랑스 전쟁(~1871년)
로마로 수도 천도	1871년	독일 제국 성립

독일 제국 구조

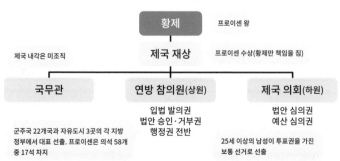

05 제2차 산업 혁명과 대불황

영국은 제1차 산업 혁명 이후 공업에서 절대적 우위를 차지했고, '팍스 브리태니커'라 일컬을 정도로 번영했습니다. 하지만 1870년대 이후, 기술 혁신과 새로운 경제 시스템이 등장했고, 자유무역주의에 동요하며 절대적 우위를 상실했습니다. 미국과 독일 등이 저렴한 노동력, **제2차 산업 혁명**을 바탕으로 한 기술 혁신과 새로운 산업을 무기 삼아 신흥 공업 국가로 대두되었기 때문입니다.

유럽에서는 과잉 생산과 식민지 식량 유입이라는 문제 때문에 1870~1890년대까지 20년 이상 대불황이 이어졌습니다. 미국과 독일은 국가의 보호 속에서 산업을 육성하려 했고, 강철·화학·기계 등 신기술과 전력이나 내연기관 개발, 새로운 기업 경영 방식, 자금 조달 방법 등을 고안하며 급속도로 공업 생산력을 늘린 결과 영국을 추월했습니다. 영국의 경제 성장률은 1860년대 3.6%, 1870년대 2.1%, 1880년대 1.6%와 같이 하락세를 보였습니다. 그에 반해 1870년대부터 1914년까지 미국과 독일의 경제 성장률은 약 5%였습니다.

새로운 기술 체계로 옮겨가는 데 늦장을 부리고 대기업이 성장하지 못한 데다가, 임금 수준이 높아 국제 경쟁력이 약해진 영국은 광대한 식민지와 축적해온 풍부한 자금, 해상 운임, 보험료 수입, 대외 투자 수익 등을 이용해 **금융 제국**으로서 살아남으려 노력했습니다. 영국은 캐나다, 오스트리아, 인도, 미국, 라틴 아메리카 국가들에게 적극적으로 자본을 수출했고, 국제 금융을 바탕으로 생존하는 것을 목표로 하게 된 것이죠. 프랑스도 똑같이, 러시아와 동유럽, 라틴 아메리카 국가들에게 자본을 수출했습니다.

키워드 대불황

1870년대부터 1890년대까지 미국과 유럽 국가들을 덮친 장기 불황. 과잉 생산, 식민지에서 유입된 저가 농작물이 원인이었다.

대불황에 따른 유럽 경제의 변동

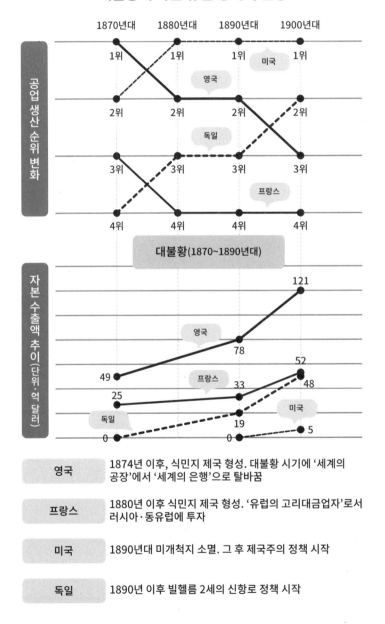

	1870년대	1880년대	1890년대	1900년대

공업 생산 순위 변화

1위　1위　1위　미국　1위

영국

2위　2위　2위　2위

독일

3위　3위　3위　3위

프랑스

4위　4위　4위　4위

대불황(1870~1890년대)

자본 수출액 추이(단위·억 달러)

영국　121
78
49
25　프랑스　33　52
독일　19　48
미국
0　0　5

영국	1874년 이후, 식민지 제국 형성. 대불황 시기에 '세계의 공장'에서 '세계의 은행'으로 탈바꿈
프랑스	1880년 이후 식민지 제국 형성. '유럽의 고리대금업자'로서 러시아·동유럽에 투자
미국	1890년대 미개척지 소멸. 그 후 제국주의 정책 시작
독일	1890년 이후 빌헬름 2세의 신항로 정책 시작

융성한 대영 제국

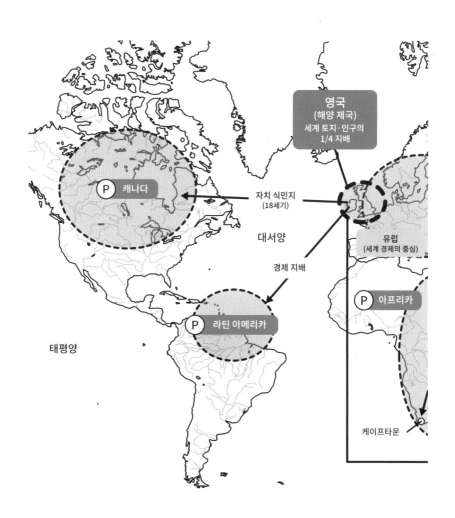

18세기 후반 영국은 캐나다와 오스트리아 획득을 비롯해 수에즈 운하를 지배했고, 말레이반도를 식민지로 만들었습니다. 또한 인도 제국을 세웠으며, 중국 양쯔강 유역을 경제적으로 지배하고 아프리카가 분할된 후 동부 아프리카를 지배하는 등, 바다에서부터 세력을 확대했습니다. 19세기 말에는 세계 토지와 인구의 4분의 1을 지배하는, 세계 역사상 최대의 제국으로 성장했습니다.

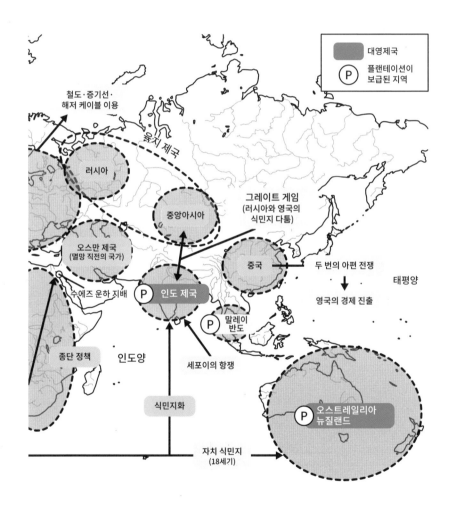

02 무너진 오스만 제국

19세기 후반, 영국을 비롯한 유럽 세력은 산업 혁명으로 만들어진 신기술이나 국민 국가 체제를 기반으로 힘을 키워 아시아 지역에 진출(웨스턴 임팩트)했습니다. 웨스턴 임팩트에 직면한 아시아 지역들은, 몽골 제국이 멸망한 후 각지에 세워진 '현지 몽골 제국'이 쇠퇴기에 접어들었기 때문에 크게 변모해 갔습니다.

서아시아에서는 민족주의가 대두되면서 오스만 제국이 이슬람교를 바탕으로 세운 지배 체제가 내부에서부터 무너져갔습니다. 특히 프랑스의 지원을 받은 이집트의 **무함마드 알리**(Muhammad Ali)가 군사의 근대화에 성공해 **튀르크 본국을 능가하는 군사력**을 보유하면서, 오스만 제국을 내부에서부터 동요하게 만든 최대 원인이 되었습니다. 술탄은 이집트에 대항해 탄지마트(Tanzimat, 은혜 개혁)를 일으켜 서구화를 도모했지만 실패했습니다. 1829년 영국, 프랑스, 러시아의 지원을 받은 **그리스가 독립**에 성공하자, 발칸반도에서 슬라브인의 민족 운동이 격렬해졌고 이슬람교라는 보편 종교로 통일되었던 종교 제국이 흔들렸습니다.

오스만 제국은 곡창지대인 이집트와 제국 인재의 원천이었던 발칸반도 민족들의 이탈, 유럽 국가들의 간섭, 1854년 이래 차관을 17번 들여오며 악화된 재정 때문에 궁지에 몰렸고 소위 '빈사 상태에 빠진 중환자'가 되었습니다. 제1차 세계 대전 이후 영국과 프랑스는 오스만 제국을 해체시켰고, 아랍인은 유럽이 지배하게 되었습니다. 현재 옛날 오스만 제국 영역은 32개국으로 분할되었습니다.

키워드 현지 몽골 제국

유목민이 군사 정복으로 만들어낸, 아시아 각지에서 패권을 주장한 오스만, 무굴, 청, 러시아 제국들.

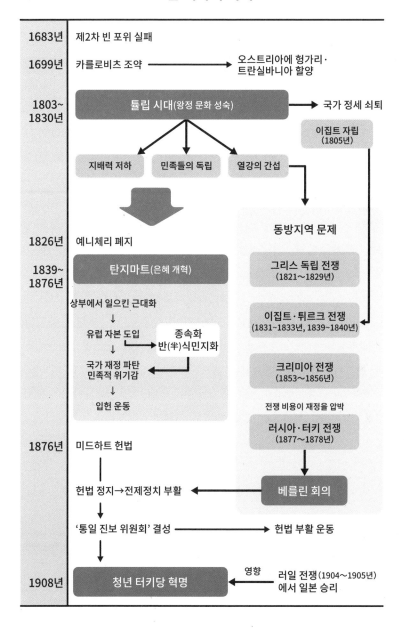

오스만 제국의 쇠퇴

1683년	제2차 빈 포위 실패
1699년	카를로비츠 조약 ──────▶ 오스트리아에 헝가리·트란실바니아 할양
1803~1830년	**튤립 시대(왕정 문화 성숙)** ──▶ 국가 정세 쇠퇴

이집트 자립
(1805년)

지배력 저하 민족들의 독립 열강의 간섭

동방지역 문제

1826년	예니체리 폐지
1839~1876년	**탄지마트(은혜 개혁)**

상부에서 일으킨 근대화
↓
유럽 자본 도입 ──▶ 종속화 반(半)식민지화
↓
국가 재정 파탄 민족적 위기감
↓
입헌 운동

그리스 독립 전쟁
(1821~1829년)

이집트·튀르크 전쟁
(1831~1833년, 1839~1840년)

크리미아 전쟁
(1853~1856년)

전쟁 비용이 재정을 압박

러시아·터키 전쟁
(1877~1878년)

1876년	미드하트 헌법

헌법 정지→전제정치 부활 ◀── **베를린 회의**
↓
'통일 진보 위원회' 결성 ──────▶ 헌법 부활 운동
↓

1908년	**청년 터키당 혁명** ◀── 영향 러일 전쟁(1904~1905년)에서 일본 승리

03 대영 제국에 편입된 인도

영국 동인도 회사는 **세포이**(페르시아어로 '병사'라는 뜻)라는 인도인 용병을 고용하고 무굴 제국의 분열과 혼란을 이용하면서, 100년 세월 동안 벵골 지방을 '중심'으로 인도 지배 체제를 만들어냈습니다.

하지만 세포이가 국외로 파병되면서, 그들 사이에서 불만이 늘어났습니다. 그 불만이 정점에 달한 것은 동인도회사가 선입식 **인필드 총**을 사용하기로 채택하면서였습니다. 이 총은 습기 방지용 기름을 바른 탄약 포장지를 입으로 물어뜯어, 화약을 총구에서 주입하는 방식이었습니다. 힌두교도인 세포이는 그들이 신성시하는 소의 기름이, 이슬람교도인 세포이는 그들이 더럽다고 기피하는 돼지의 기름이 탄약 포장지의 습기를 제거하려 사용되는 것은 아니냐며 강하게 반발했습니다. 그 불만이 방아쇠를 당겨, 1857년 **세포이의 항쟁**이 발발했습니다. 항쟁군은 동인도 회사가 보호하던 늙은 무굴 황제를 내세워, **무굴 제국**의 부흥을 도모했습니다. 하지만 반란은 1859년 진압되었고, 무굴 황제의 사망과 함께 제국은 멸망했습니다.

같은 해, 영국은 실정의 책임을 지고 **동인도 회사를 해산**했고, 인도를 영국 정부가 직접 통치하기로 했습니다. 게다가 1877년에는 당시의 영국 여왕 빅토리아를 황제로 추대한 <u>인도 제국</u>을 세우고, 대영 제국 내로 편입시켰습니다. 그 후 약 70년간, 인도는 영국의 식민지로 지배당했습니다.

키워드 인도 제국

대영 제국 내에 만들어진 단 하나뿐인 왕실 직속 제국으로서, 자치령이나 다른 식민지와 구별되었다.

인도의 식민지화

1600년	영국이 동인도 회사 창설	
1757년	플라시 싸움 ────────────→	벵골 지방 지배 확립
1767년	마이소르 전쟁(~1799년) [4회] ────→	남인도 지배 확립
1775년	마라타 전쟁(~1819년) [3회] ────→	중부 인도 지배 확립
1845년	시크 전쟁(~1849년) [2회] ────→	서북인도 지배 확립
1857년	세포이의 항쟁 발발(~1859년)	
1858년	무굴 제국 멸망. 동인도 회사 해산 ───→	직속 통치 결정
1877년	인도 제국 성립 ──────→	영국의 식민지가 됨

인도 기아 증대와 면업의 쇠퇴

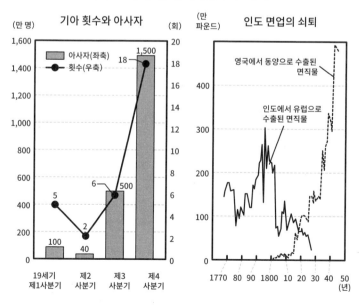

기아 횟수와 아사자

인도 면업의 쇠퇴

04 두 차례 일어난 아편 전쟁

영국은 홍차 무역으로 충당할 은이 부족해지자, 궁리 끝에 인도 벵골 지방에서 재배한 마약(아편)을 청나라에 밀수출했습니다. 아편이 유입되며 청나라에서는 아편 중독자가 급증했고, 1830년대에 들어서자 막대한 양의 은이 국외로 흘러나가며 은의 가격이 두 배로 상승했습니다. 세금을 은으로 납부하던 농민의 생활은 단번에 파탄에 이르렀습니다. 청나라는 아편 엄금파였던 관료 **임칙서**(林則徐)를 광저우로 파견했습니다. 임칙서는 아편 1,425톤을 바다로 던져 소각했고, 아편 무역을 엄금한다고 명령했습니다. 아시아 삼각 무역이 무너질까 두려웠던 영국은 1840년, **아편 전쟁**을 일으켰습니다. 청나라는 전쟁이 확대되는 것을 꺼려, 항전파였던 임칙서를 쫓아내고 영국을 회유하는 길을 선택했습니다. 1842년 상하이 등 다섯 개 항(광저우, 샤먼, 푸저우, 닝보, 상하이) 개항, 전쟁 비용과 몰수한 아편 대금 600만 달러 보상, 홍콩 할양의 내용이 담긴 **난징 조약**(南京條約)을 체결하고 전쟁을 종결시켰습니다.

전쟁 후, 청나라에서는 은 가격이 끊임없이 상승하며 민중의 생활은 더욱 악화되었고, 1851년 홍수전(洪秀全)을 지도자로 추대한 **태평천국 운동**이 일어났습니다. 봉기군은 한 때, 청나라 **남반부를 지배**할 정도로 맹위를 떨쳤습니다. 청나라의 정규군 '팔기(八旗)'는 봉기를 진압하지 못하고, 증국번(曾國藩)이나 이홍장(李鴻章) 등 한인 관료가 조직한 의용군(향용(鄕勇))이 1864년 태평천국 운동을 드디어 진정시켰습니다.

이 봉기로 청나라가 분열하자, 영국은 프랑스를 꾀어내 **제2차 아편 전쟁**을 일으키고 이권을 확대하려 했습니다. 전 세계에서 자유 무역을 실현하려 한 영국은, 1860년 베이징 조약(北京條約)을 맺고, 청나라를 유럽 중심의 국민 국가 체제로 편입하는 데 성공했습니다.

키워드 아시아 삼각 무역

영국 동인도 회사가 진행한, 영국(면직물)·인도(아편)·청나라(홍차)를 연결시킨 무역.

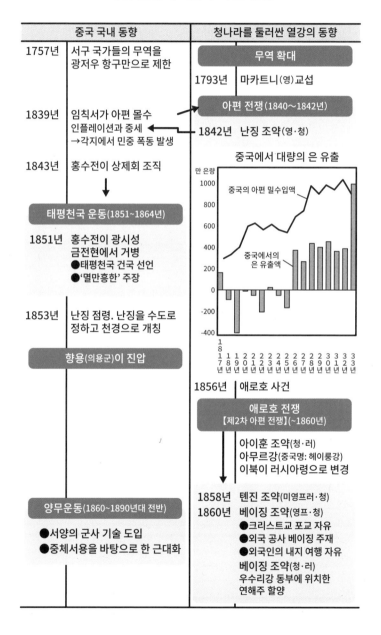

아편 전쟁과 제2차 아편 전쟁

중국 국내 동향	청나라를 둘러싼 열강의 동향
1757년 서구 국가들의 무역을 광저우 항구만으로 제한	**무역 확대**
	1793년 마카트니(영)교섭
	아편 전쟁(1840~1842년)
1839년 임칙서가 아편 몰수 인플레이션과 중세 →각지에서 민중 폭동 발생	1842년 난징 조약(영·청)
1843년 홍수전이 상제회 조직	**중국에서 대량의 은 유출**

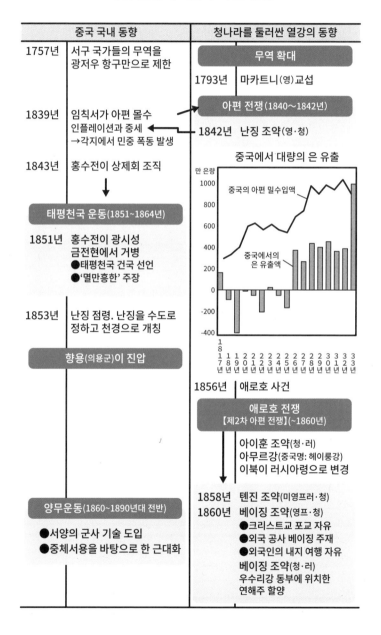

만 은량

1000

중국의 아편 밀수입액

800

600

400

중국에서의 은 유출액

200

0

-200

-400

1
8
1 1 1 2 2 2 2 2 2 2 2 2 2 3 3 3 3
7 8 9 0 1 2 3 4 5 6 7 8 9 0 1 2 3
년 년 년 년 년 년 년 년 년 년 년 년 년 년 년 년 년

태평천국 운동(1851~1864년)	
1851년 홍수전이 광시성 금전현에서 거병 ●태평천국 건국 선언 ●'멸만흥한' 주장	
1853년 난징 점령. 난징을 수도로 정하고 천경으로 개칭	
향용(의용군)이 진압	1856년 애로호 사건
	애로호 전쟁 【제2차 아편 전쟁】(~1860년)
	아이훈 조약(청·러) 아무르강(중국명: 헤이룽강) 이북이 러시아령으로 변경
양무운동(1860~1890년대 전반)	1858년 톈진 조약(미영프러·청) 1860년 베이징 조약(영프·청) ●크리스트교 포교 자유 ●외국 공사 베이징 주재 ●외국인의 내지 여행 자유 베이징 조약(청·러) 우수리강 동부에 위치한 연해주 할양
●서양의 군사 기술 도입 ●중체서용을 바탕으로 한 근대화	

05 유럽 열강의 아프리카 분할

1880년대 초기 아프리카 대륙에서는, 미국의 탐험가 스탠리가 중부 열대 우림 지대를 탐험한 성과를 이용해, 벨기에 국왕 레오폴드 2세가 **자이르**(Zaïre, 콩고)**강 유역**의 광대한 지역을 콩고 자유국으로 명명하고 사적 식민지로 삼으려 했습니다. 아프리카 서안에서 이권을 차지한 영국과 포르투갈은 그에 반발했습니다. 아프리카에 진출하려는 야망을 품은 독일 제국의 비스마르크 재상의 중개로, 1884년부터 그다음 해까지 14개국이 참가한 **베를린 회의**가 개최되었습니다.

아프리카 진출을 꾀한 여러 국가는 이 회의에서 아프리카를 '분할하기 위한' 합의에 다다랐습니다. 유럽 국가들이 마음대로 정한 규칙인 '<u>선점권</u>'이었지요.

그때까지 '아프리카'는 풍토병이 유럽 열강들의 열대 우림 진출을 막아주고 있었기 때문에, 열강들은 내륙부에 들어가지 못하고 해안 인접 지역을 지배하는 데에 그쳤습니다. 하지만 유럽 국가들은 1880년대부터 불과 **20년 만**에, 일본의 82배에 달하는 면적을 가진 아프리카를 결국 **전부 분할**해 버렸습니다.

유럽 국가들이 진행한 아프리카 분할은, 아프리카 대륙에서 남북으로 지배 지역을 넓히려는 '종단 정책'을 택한 영국, 동서로 지배 지역을 넓히려는 '횡단 정책'을 택한 프랑스가 중심이 되었습니다. 하지만 1898년 수단에서 영국과 프랑스의 현지 군대가 충돌한 **파쇼다 사건**이 발발했습니다. 프랑스가 양보하면서 영국이 아프리카 지배에서도 우위에 서게 되었습니다.

키워드 선점권

국제법상 아프리카를 '주인이 없는 땅'으로 보고 다른 나라보다 먼저 점유한 나라가 자국의 영토로 삼을 수 있다는, 열강이 마음대로 정한 권리.

영국과 프랑스가 대부분 진행한 아프리카 분할(20세기 초)

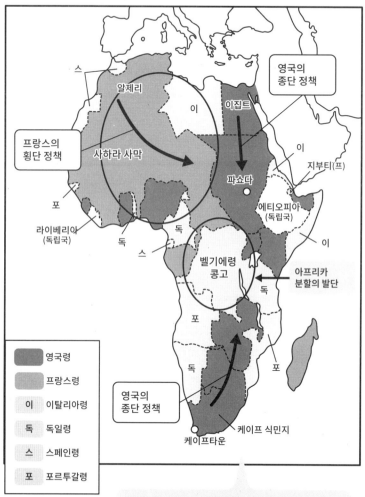

영국의
종단 정책

스

알제리

이

이집트

프랑스의
횡단 정책

사하라 사막

이

지부티(프)

파쇼다

포

에티오피아
(독립국)

라이베리아
(독립국)

독

이

독

스

벨기에령
콩고

아프리카
분할의 발단

독

포

영국령

프랑스령

이 이탈리아령

독 독일령

스 스페인령

포 포르투갈령

독

포

영국의
종단 정책

케이프 식민지

케이프타운

베를린 회의(1884~1885년)에서 먼저 점유한 나라가 영토로
삼을 수 있다는 원칙(선점권)이 확립되고, 1990년경까지
아프리카의 분할은 거의 완료되었다

01 해양 제국으로 변신한 미국

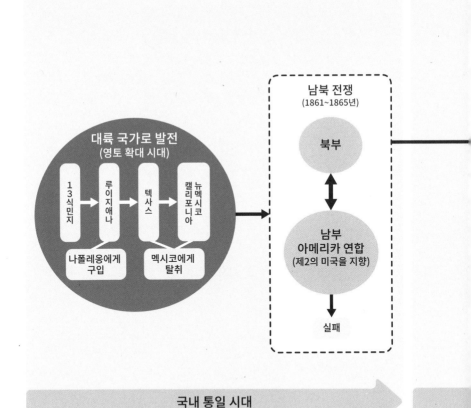

대불황의 영향을 고스란히 받게 된 미국은, 유럽의 잉여 자본과 대량의 이민을 받아들이며 네 개 대륙 횡단 철도를 건설하고 서부를 개척하는 등 경제를 급성장시켜, 영국을 제치고 세계 제일의 공업국으로 급성장했습니다. 1890년 서부를 모두 개척하고 미개척지가 사라지자, 미국은 태평양과 중국 시장으로 눈을 돌려 성장할 장소를 찾았고, 해양 제국으로 가는 길을 도모했습니다.

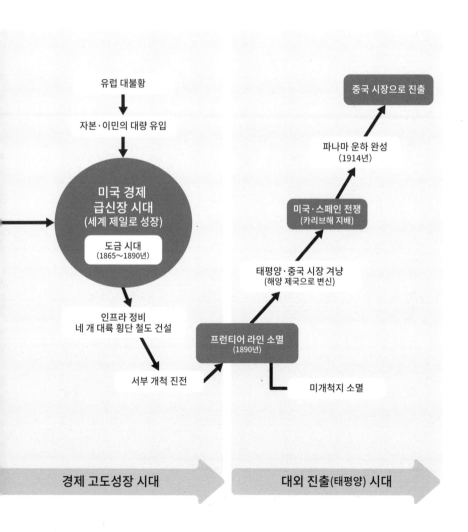

02 대륙 국가로의 변모

1783년 파리 조약으로 독립한 미국은, 1803년 프랑스 황제 나폴레옹에게 미시시피강 서쪽에 위치한 **루이지애나**를 1,500만 달러에 구입하고 영토를 확장했습니다.

1820년대 이후, 서점(西漸) 운동이 진행되며 프런티어 라인이 서쪽으로 이동했습니다. 이 운동에 선주민이 극심하게 저항하자, 제7대 대통령 **앤드류 잭슨**(Jackson, Andrew)은 1830년에 강제 이주법을 제정하고, 미시시피 동쪽에 거주하던 선주민을 무력을 사용해 미시시피 서쪽에 위치한 지정 보류지로 **강제 이주**시켰습니다. 당시 미국은 선주민에게 토지를 빼앗는 일을 '신의 명백한 의지(운명)'라 생각했습니다.

1840년대에 들어서자, 미국의 이주자가 멕시코에서 이탈하고 독립을 요구한 **텍사스 합병**(1845), 캐나다와 국경선을 획정하며 획득한 오리건 합병(1846), **미국·멕시코 전쟁**으로 획득한 캘리포니아와 뉴멕시코의 합병으로 미국 영토는 태평양 근처 지역까지 다다랐습니다.

1848년 캘리포니아에서 금광이 발견되자, 동부에서 약 10만 명에 달하는 사람들이 일확천금을 꿈꾸며 캘리포니아로 밀려들었습니다(**골드러시**). 이 사건으로 서부 개척은 더욱 진전을 보였습니다. 그 결과, 자유인 성년 남성 인구가 5,000명에 달하면 준주(准州), 6만 명에 달하면 주(州)로 인정한다는 **북서부(토지) 조례**(Northwest Ordinance)를 바탕으로 많은 준주와 주가 성립했습니다. 1850년대 미국이 차지한 영역은 건국 당시보다 네 배로 증가했고, 합중국은 크게 변모했습니다.

키워드 프런티어 라인

미국 개척 시대의 개척지와 미개척지를 나눈 경계선. 이민과 개척이 계속되며 1890년 소멸했다.

대륙 국가로 성장한 미국

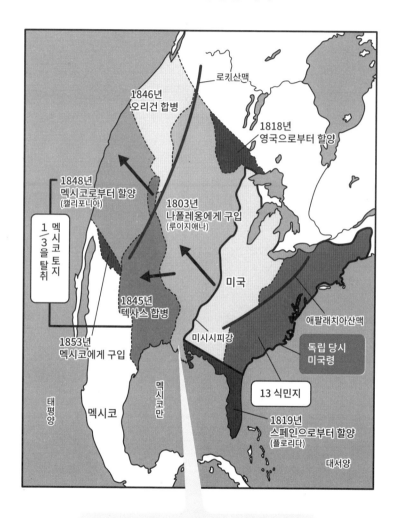

로키산맥

1846년
오리건 합병

1818년
영국으로부터 할양

1848년
멕시코로부터 할양
(캘리포니아)

1803년
나폴레옹에게 구입
(루이지애나)

멕시코 토지 1/3을 탈취

미국

1845년
텍사스 합병

애팔래치아산맥

1853년
멕시코에게 구입

미시시피강

독립 당시
미국령

13 식민지

1819년
스페인으로부터 할양
(플로리다)

태평양

멕시코만

멕시코

대서양

서부 미개척지에서는 북서부 토지 조례에 따라 성인 남성이 6천
명에 달할 때 의회를 설치하고 준주가 되며, 자유민이 6만 명에
달하면 주 헌법을 제정하고 주로서 연방 가입이 허락되었다.

03 남북 전쟁과 미국 통일

1860년, 서부 출신으로 점진적 노예제 폐지론자였던 링컨이 16대 대통령에 당선되자, 노예제 폐지에 반대하는 남부 7주는 연방에서 탈퇴를 결의했습니다. 1861년, 제2의 합중국(**아메리카 연합**)을 결성하면서, 탈퇴를 인정하지 않은 아메리카 합중국과 **남북 전쟁**이 발발했습니다. 연방 탈퇴를 주장한 남부에 동조한 11주(인구 900만 명, 그중 노예 350만 명)와 북부 23주(인구 2,200만 명)의 싸움이었지요.

전쟁을 빠르게 끝내고자 한 남부군은 리(Lee, R. E.) 장군이 이끈 부대를 북부로 진격시켜, 영국의 원조를 받으려는 계획을 세웠습니다. 하지만 링컨은 전쟁이 일어나자마자 남부의 해안선을 봉쇄하고 면화 생산에 특화되어 있던 남부의 식량 보급로를 차단하는 한편, 1862년 홈스테드(Homestead)법을 제정, 서부 농민을 아군으로 만들었습니다. 그다음 해에는 **노예 해방 선언**을 통해 국내외 여론을 노예 문제로 유도하고, 영국이 간섭하지 못하도록 막았습니다.

전쟁 국면이 길어지던 중, 1863년 이후 스스로의 힘으로 승리한 북부가 우위를 점하며 1865년, 아메리카 연합의 수도 리치먼드를 함락시켰습니다. 북부군이 승리를 거둔 것이지요. 남북 전쟁은 양 군을 합쳐 병사 약 250만 명이 동원되었고, 약 62만 명의 사망자를 낸 세계 최대 규모의 내전이었습니다.

전쟁의 결과, 영국 경제에 종속되어 있던 미국 남부의 농업 경제는 미국 북부의 경제에 편입되었고, **국내 시장이 확대**되었습니다.

키워드 홈스테드 법
5년 동안 개척에 종사한 21세 이상 남성 호주에게 160에이커의 국유지를 등기비용만 받고 양도하는 법률.

남북 전쟁과 미국의 위기

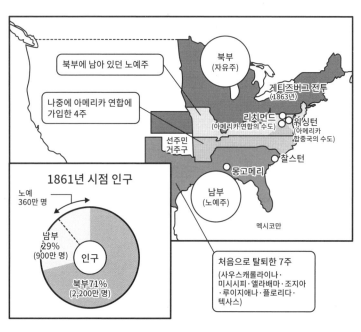

북부에 남아 있던 노예주

북부
(자유주)

게티즈버그 전투
(1863년)

나중에 아메리카 연합에
가입한 4주

리치먼드
(아메리카 연합의 수도)

워싱턴
(아메리카
합중국의 수도)

선주민
거주구

찰스턴

몽고메리

남부
(노예주)

멕시코만

처음으로 탈퇴한 7주

(사우스캐롤라이나·
미시시피·앨라배마·조지아
·루이지애나·플로리다·
텍사스)

1861년 시점 인구

노예
360만 명

남부
29%
(900만 명)

인구

북부71%
(2,200만 명)

미국 병사의 전쟁별 사망자 수

(만 명)

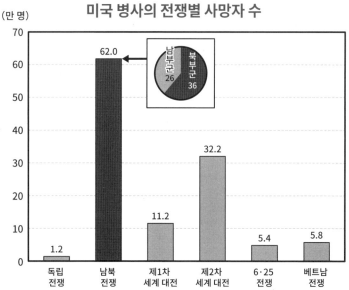

남부군 26 / 북부군 36

독립 전쟁	남북 전쟁	제1차 세계 대전	제2차 세계 대전	6·25 전쟁	베트남 전쟁
1.2	62.0	11.2	32.2	5.4	5.8

04 서부 개척과 도금 시대

남북 전쟁이 시작되었을 때, 미국 철도의 3분의 2가 북부에 집중되어 있었습니다. 서부 개척을 하려면 교통 인프라인 철도를 정비해야 했기 때문에, 미국은 남북 전쟁 이후 대륙 횡단 철도 건설에 착수했습니다.

대륙 횡단 철도는 태평양 연안으로 흐르는 동맥으로서 자리매김해, '퍼시픽 철도'라 이름 붙였습니다. 서부 캘리포니아에서 조직된 센트럴 퍼시픽 철도, 북부 네브래스카에 위치한 오마하에서 창설된 유니온 퍼시픽 철도를 각각 샌프란시스코와 오마하에서 공사했고, 1869년 두 철도가 유타(Utah)주에서 이어지며 완성되었습니다. 아메리카 합중국 정부는 철도 회사에 철도 선로 인근의 광대한 국유지나 광업권을 무상으로 제공하고, 어려운 공사에 대해서는 거액의 지원금을 조성했습니다. 그 결과, 철도 회사는 큰 수익을 올리고 거대 산업 중 하나로 지위가 향상되었습니다.

아메리카 합중국은 남북 전쟁 이후, 평균 47%의 **높은 관세율**, 철도망의 급속한 발전, 서부로의 이민 증가와 서부 시장의 급속한 확대, 북부 자본의 남부 진출, 증기선 보급에 따른 **이민** 증가 등의 요소들이 합쳐지며 눈부신 공업 발전을 이룩했습니다. 1850년대 약 260만 명이, 1860년부터 1890년까지 약 1,037만 명이 이민을 떠나, 1890년에는 프런티어라 불리는 서부의 미개척지가 사라졌습니다.

이 시대를, 소설가 마크 트웨인의 동명 소설에서 유래한 명칭인 **'도금 시대'**라 부릅니다. 1890년대 미국은 영국을 뛰어넘고 세계 1위의 공업국이 되었습니다.

키워드 대륙 횡단 철도

미국 인프라의 중심이 된, 대서양과 태평양을 잇는 철도. 포장마차의 길을 따라 네 개 횡단 철도가 만들어졌다.

도금 시대와 미국 경제의 급성장

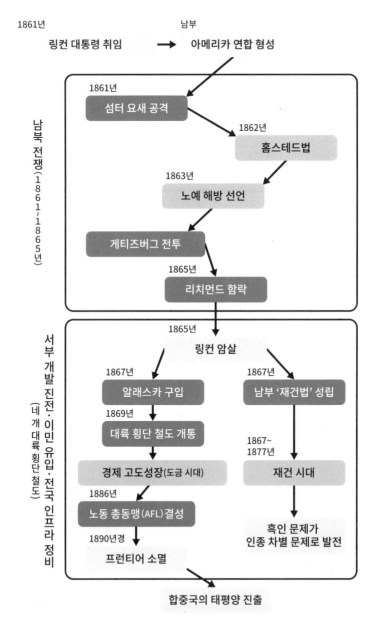

1861년
링컨 대통령 취임 → 남부
아메리카 연합 형성

남북 전쟁(1861~1865년)

1861년
섬터 요새 공격

1862년
홈스테드법

1863년
노예 해방 선언

게티즈버그 전투

1865년
리치먼드 함락

서부 개발 진전・이민 유입・전국 인프라 정비 (네 개 대륙 횡단 철도)

1865년
링컨 암살

1867년
알래스카 구입

1869년
대륙 횡단 철도 개통

경제 고도성장(도금 시대)

1886년
노동 총동맹(AFL) 결성

1890년경
프런티어 소멸

1867년
남부 '재건법' 성립

1867~1877년
재건 시대

흑인 문제가
인종 차별 문제로 발전

합중국의 태평양 진출

05 태평양에서 아시아를 노리다

1890년, 개척할 곳이 사라진 미국은 식민지 시대부터 이어져 온 역사의 전환점을 맞았습니다.

미국은 1890년에 《해상권력사론》을 저술한 해군 제독 머핸(Mahan, Alfred Thayer)이 주장한, 대서양과 태평양을 연결하는 미국의 지정학적 위치를 활용해 해양 제국으로 변신하자는 해양력(Sea Power) 전략을 채택했습니다.

이 전략에 따라 두 대양을 잇는 카리브해가 중요 해역이 되었습니다. 미국은 억지로 **카리브해를 내해로 만들고자** 했습니다. 군사력을 배경으로 수립한 '곤봉 정책'을 바탕으로 전쟁을 일으킬 수 있다는 은근한 위협을 비치며 카리브해에 진출한 25대 대통령 매킨리(McKinley, William)는, 스페인의 식민지 쿠바에서 반(反)스페인 반란이 일어난 점을 이용해 스페인에게 선전포고했습니다(**미국·스페인 전쟁**). 미국·스페인 전쟁은 불과 4개월 만에 미국의 압승으로 끝났고, 스페인은 쿠바의 독립을 인정하고 푸에르토리코, 괌, **필리핀**을 미국에 할양했습니다. 같은 해, 미국은 **하와이도 합병**했습니다.

그 후 미국은 콜롬비아에서 파나마 공화국을 독립시키고, 운하 공사권과 운하 지대 조차권을 획득했습니다. 1904년 이후 미국은 3억 7,500만 달러라는 거금을 투자했고, 10년이 지난 1914년 전체 길이 800킬로미터인 **파나마 운하**를 완성시켰습니다. 파나마 운하가 완성되면서 미국은 본격적으로 태평양 해역과 중국 시장에 진출하기 시작했습니다. 동부에 위치한 뉴욕과 서부에 위치한 샌프란시스코 간 이동 거리도 **거의 절반**으로 줄어들었습니다.

키워드 **해양력**(Sea Power)

국가가 해양을 지배하는 데 필요한 상선대의 해군력과 군함, (석탄을 축적하는) 저탄장, 식민지를 가리킨다.

미국의 해양 제국 변신과 파나마 운하

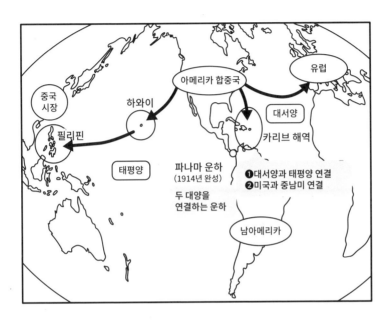

중국으로의 진출

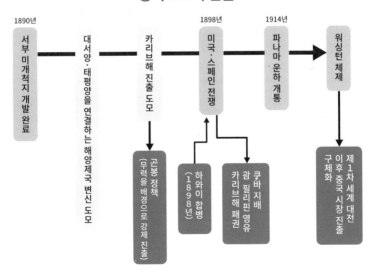

01 대불황에서 제1차 세계 대전으로

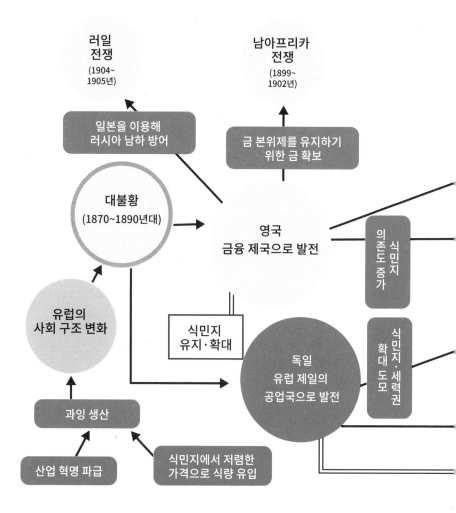

영국은 제2차 산업 혁명과 대불황을 맞아 공업이 시대에 뒤처지며 미국과 독일에게 선두를 내주게 되었고, 금융 제국 및 식민지 제국의 길을 택했습니다. 경제를 급신장시키던 독일은 영국에 대항해 오스만 제국 지배와 인도양 진출을 꾀하며 해군을 급하게 확장시켰습니다. 두 나라는 대립의 골이 깊어졌고, 제1차 세계 대전에 돌입했습니다.

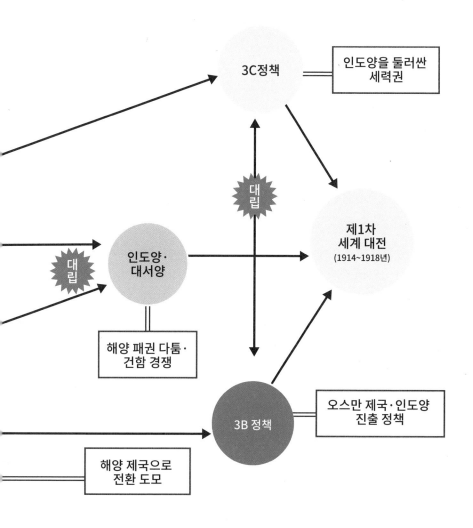

02 영러 대립과 3C 정책·3B 정책

19세기 말, 영국을 제치고 **유럽 제일의 공업국**이 된 독일은 해양 제국으로 전환을 도모했습니다. 독일 제국이 성립한 이래, 비스마르크 재상은 외교를 통해 유럽의 현상 유지를 도모했습니다. 하지만 29세였던 젊은 황제 빌헬름 2세는 비스마르크를 멀리하고 해양력 주장을 받아들여 **적극적인 해양 진출** 정책을 펼쳤습니다. 1895년 개최된 킬(Kiel) 운하 개통식에서는 '독일 제국의 미래는 바다에 있다'고 연설했습니다. 빌헬름 2세는 영국에 심각한 타격을 줄 수 있는 해군을 키우자는 목표를 세우고, 1898년 이후 해군 증강에 급격하게 착수했습니다. 그리고는 해군 보유량 2위 국가보다 두 배의 해군력을 보유하는 것을 지향하던 해군 보유량 1위 국가 영국에게 갑작스러운 도전장을 내밀었습니다. 영국은 공업 생산에 뒤처지고 있었기에 해상 패권까지 양보할 수는 없는 노릇이었습니다. 독일의 도전을 받아들여, 전함 드레드노트(Dreadnought)를 건조(建造)해 대항했습니다. 하지만 독일도 같은 규모의 군함을 건조하기 위해 노력하며, 양국의 군비 확충 경쟁('**건함 경쟁**')은 점점 더 심해졌습니다. 큰 군함과 거대 대포가 경쟁 대상이었지요.

독일은 1898년 **바그다드 철도**의 부설권을 획득했습니다. 케이프타운, 카이로, 캘커타를 연결하는 영국의 **3C 정책**에 대항해, 베를린에서 비잔티움(이스탄불)을 경유하고 바그다드에 도달해 인도양으로 진출하려는 **3B 정책**을 수립했습니다. 또한 독일은 독일·오스트리아·이탈리아로 구성된 삼국 동맹을, 영국은 영국·프랑스·러시아로 구성된 삼국 협상을 조직했고, 양국의 다툼은 제1차 세계 대전으로 향하기 시작했습니다.

키워드 전함 드레드노트

12인치 대포 10문을 장착한 대형 전함으로, 12인치 대포를 4문밖에 장착할 수 없던 기존 전함을 구식으로 만드는 신형 전함이었다.

영국과 독일의 대립

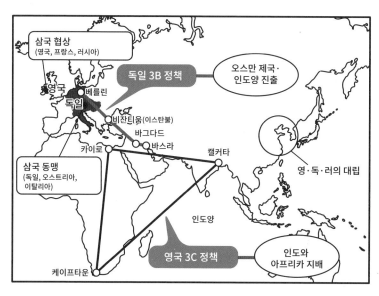

삼국 협상
(영국, 프랑스, 러시아)

독일 3B 정책

오스만 제국·
인도양 진출

영국

독일

베를린

비잔티움(이스탄불)

바그다드

바스라

카이로

캘커타

삼국 동맹
(독일, 오스트리아,
이탈리아)

영·독·러의 대립

인도양

영국 3C 정책

인도와
아프리카 지배

케이프타운

식민지를 둘러싼 대립의 배경

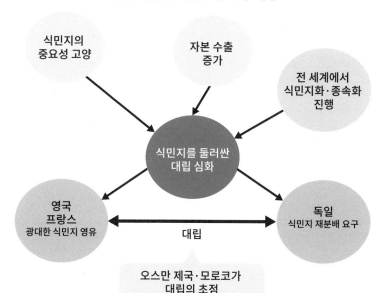

식민지의
중요성 고양

자본 수출
증가

전 세계에서
식민지화·종속화
진행

식민지를 둘러싼
대립 심화

영국
프랑스
광대한 식민지 영유

대립

독일
식민지 재분배 요구

오스만 제국·모로코가
대립의 초점

03 청일 전쟁과 러일 전쟁

'문명개화'를 진행하던 일본이 **청일 전쟁**(1894~1895)에서 승리하며 동아시아의 국제 질서가 안에서부터 붕괴했고, 서구 열강이 중국을 분할하려는 움직임이 단숨에 거세졌습니다.

청일 전쟁 후 일본이 영유하게 된 **랴오둥반도(遼東半島)를 삼국 간섭**으로 청나라에 반납시킨 러시아는, 랴오둥반도 남부의 뤼순(旅順) 등을 25년간, 독일은 산둥반도(山東半島)의 자오저우(膠州)만을 99년간, 영국은 산둥반도 북부의 웨이하이(威海)를 99년간 조차했고, 발해와 황해 해역이 국제 분쟁의 장이 되었습니다. 1899년, 미국도 존 헤이(Hay, John) 국무장관이 **문호 개방 선언**을 발표하며, 중국 시장에 진출하려는 의욕을 내비쳤습니다. 이런 움직임에 대항해 1900년 의화단이 '부청멸양(청을 도와 서양인을 물리친다)'를 내걸고 베이징에 입성했습니다. 청나라도 의화단에 동조해 서구 열강에 선전포고했습니다(**의화단 사건**). 이 선전포고에 맞서 열강은 8개국 연합군을 조직하여 베이징을 점령했습니다. 베이징 주병권(駐兵權)과 막대한 보상금을 획득했지요.

러시아는 이 사건을 명목으로 중국 둥베이(東北) 지방에 군대를 진주시키고, 조선에도 세력을 뻗쳤습니다. 영국은 러시아의 남하를 저지하기 위해 1902년 **영일 동맹**을 체결했습니다. 러시아 남하에 위기감을 느낀 일본은 이 동맹에 의지해 시베리아 철도 완공 직전인 1904년, 러시아의 중국 거점이었던 뤼순을 기습했고 **러일 전쟁**이 발발했습니다. 일본에게도 혹독한 전쟁이었지만, 식량 사정이 악화되며 노동자와 농민의 봉기가 일어난 러시아는 전쟁을 이어나갈 수 없었습니다. 결국 포츠머스 조약으로 일본의 조선 지배 우선권과 랴오둥반도 남부(관둥저우(關東州)) 조차 등을 인정하며 전쟁이 종결되었습니다.

키워드 조차

국가 간 합의에 따라, 일정 기간을 정해 타국에 토지를 빌려주는 일. 19세기 말 이후 중국에서 많이 일어났다.

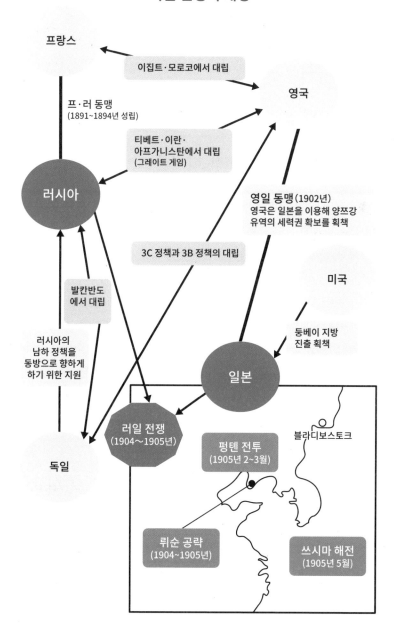

러일 전쟁의 배경

프랑스

이집트·모로코에서 대립

영국

프·러 동맹
(1891~1894년 성립)

티베트·이란·
아프가니스탄에서 대립
(그레이트 게임)

러시아

영일 동맹(1902년)
영국은 일본을 이용해 양쯔강
유역의 세력권 확보를 획책

3C 정책과 3B 정책의 대립

미국

발칸반도
에서 대립

동베이 지방
진출 획책

러시아의
남하 정책을
동방으로 향하게
하기 위한 지원

일본

러일 전쟁
(1904~1905년)

펑톈 전투
(1905년 2~3월)

블라디보스토크

독일

뤼순 공략
(1904~1905년)

쓰시마 해전
(1905년 5월)

04 청나라의 멸망과 군벌 난전 시대로의 이행

1910년, 일본은 한일 병합 조약으로 대한 제국을 합병했습니다. 러일전쟁 후 변화한 동아시아 정세는 청나라에도 영향을 끼쳤고, 혁명의 기운이 높아졌습니다. 1905년, 일본 도쿄에서 **쑨원**(孫文)을 총재로 추대한 **중국 동맹회**가 결성되었고, 중국 동맹회는 민족의 독립(민족), 민권의 신장(민권), 민생의 안정(민생)으로 이뤄진 **삼민주의**를 혁명의 기본 이념으로서 채택했습니다. 1911년, 청나라가 외국에서 빌린 차관의 담보로서 민영 철도의 국유화를 결정하자, 쓰촨(四川) 등 지역에서는 반대 운동을 펼쳤습니다. 중국 동맹회의 영향을 받은 신군(3분의 1은 혁명파)은 반대 운동의 진압을 반대하고, 양쯔강 중류에 위치한 우창(武昌)에서 봉기했습니다. 혁명 정권을 수립한 지 불과 25개월 만에 중국 전체의 8할에 해당하는 14성이 청나라에서 독립을 선언했습니다. 이를 **신해혁명**이라 합니다.

1912년, 독립을 선언한 14성의 대표자가 난징(南京)에 모여 쑨원을 임시 대총통으로 추대하고 **중화민국**을 급히 성립했습니다. 청나라는 군벌의 실력자 위안스카이(袁世凱)에게 혁명 정부와 교섭을 하도록 맡겼지만, 반대로 위안스카이는 스스로 임시 대총통 자리에 오르고 세 살밖에 되지 않은 어린 황제의 퇴위를 인정하며 청나라를 멸망시켰습니다.

혁명파는 중국 동맹회를 국민당으로 개조한 후, 의회에서 다수파를 형성하고 위안스카이에 대항했지만 탄압 당했습니다. 하지만 황제가 되려다 실패한 위안스카이가 1916년에 사망하자, 뛰어난 실력자가 사라진 중화민국은 열강의 지원을 받은 군벌이 각지에 할거한, **군벌 혼전**이라는 최악의 상황에 놓였습니다. 그 후 중화민국에서는 전란이 끊이지 않았고, 동아시아 세계는 불안정한 시대에 들어섰습니다.

키워드 중국 동맹회

도쿄에서 17성의 유학생 300여 명이 결성한 단체. 만주인을 배제하고 중화 회복, 민국 창립, 평균 지권을 주장했다.

근대 중국의 변천

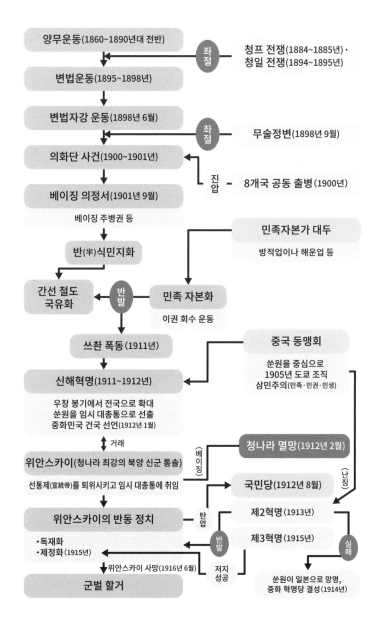

양무운동(1860~1890년대 전반)

좌절 — 청프 전쟁(1884~1885년)·
청일 전쟁(1894~1895년)

변법운동(1895~1898년)

변법자강 운동(1898년 6월)

좌절 — 무술정변(1898년 9월)

의화단 사건(1900~1901년)

진압 — 8개국 공동 출병(1900년)

베이징 의정서(1901년 9월)

베이징 주병권 등

민족자본가 대두

방적업이나 해운업 등

반(半)식민지화

간선 철도
국유화 **반발** 민족 자본화

이권 회수 운동

중국 동맹회

쑨원을 중심으로
1905년 도쿄 조직
삼민주의(민족·민권·민생)

쓰촨 폭동(1911년)

신해혁명(1911~1912년)

우창 봉기에서 전국으로 확대
쑨원을 임시 대총통으로 선출
중화민국 건국 선언(1912년 1월)

↕ 거래

청나라 멸망(1912년 2월)

위안스카이(청나라 최강의 북양 신군 통솔)

선통제(宣統帝)를 퇴위시키고 임시 대총통에 취임

(베이징)

국민당(1912년 8월)

제2혁명(1913년)

탄압

위안스카이의 반동 정치

•독재화
•제정화(1915년)

반발 제3혁명(1915년)

실패

(난징)

위안스카이 사망(1916년 6월)

저지
성공

쑨원이 일본으로 망명,
중화 혁명당 결성(1914년)

군벌 할거

150 - 151

05 골드러시와 남아프리카 전쟁

세계사를 화폐 측면에서 살펴보면, 거래에서는 주로 은화를 사용했습니다. 지금까지 채굴된 모든 금의 양이 올림픽 수영장 3개 반을 채울 정도로 매우 적은 것처럼, 금화에는 양적인 한계가 존재하기 때문입니다.

은화 시대는 사천 년에 달합니다. 신대륙에서 대량으로 채굴된 은의 대부분이 오랜 세월 동안 인도와 중국에 흘러들었기 때문에, 영국은 그만큼의 은을 보유하고 있지 않아 세계 경제를 주도할 수 없었습니다. 그래서 영국은 19세기 전반, 당시 금의 80%를 산출하던 브라질에서 금을 수입했고 그 금으로 가치를 담보한 **파운드 지폐**를 세계의 기축 화폐로 삼으려 했습니다. 영국은 파운드를 금과 교환할 것이라 선언하고 사천 년 동안 이어진 **은화 시대를 파운드라는 지폐 시대로 교체해**, 아시아의 은 경제를 붕괴시켰습니다.

캘리포니아, 오스트레일리아, 알래스카, 캐나다 등에서 계속해서 일어난 골드러시가 '황금 환상'을 불러왔습니다. 1870년대에는 **국제 금 본위제**가 성립했고 영국의 의도대로 은화 경제는 무너졌습니다. 하지만 영국은 파운드 지폐를 안정적으로 유통할 만한 충분한 금을 보유하고 있지 않았습니다. 영국은 금을 확보하기 위해 1899년, 케이프 식민지 북부에서 막대한 양의 다이아몬드와 금을 산출하던 보어인(Boer)의 오렌지 자유국과 트란스발(Transvaal) 공화국을 정복하려 했고, 비용 2억 2,300만 파운드와 병력 45만 명을 투입한, 2년 7개월에 달하는 잔혹한 전쟁 끝에 영국은 보어인을 무릎 꿇렸습니다(**남아프리카 전쟁**). 영국 자신이 바라는 금 본위제를 무력으로 유지하려 한 것이죠.

키워드 보어인

네덜란드의 아시아 무역의 중계 거점인 희망봉 주변으로 이주한, 농업 이민의 자손. 보어는 '농민'이라는 뜻.

남아프리카의 역사

케이프 식민지 (1806년)

보어인 국가

영국군 진로

남아프리카 연방 (1910년)

부족했던 금

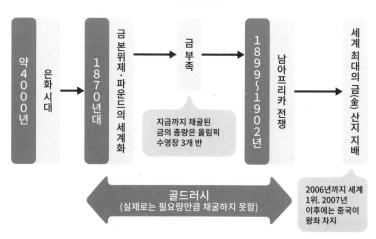

제5부

20세기에
두 차례 일어난
세계 대전

01 미국의 대두와 베르사유 체제

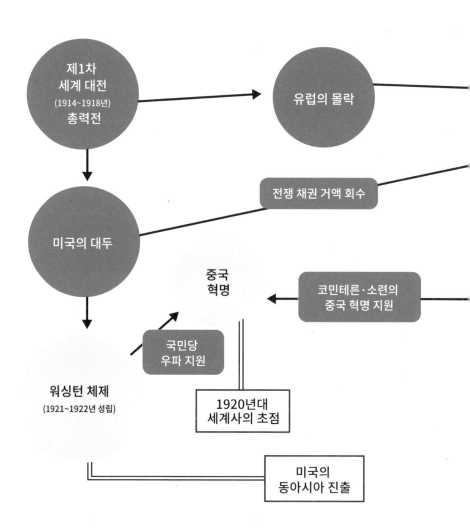

제1차 세계 대전 (1914~1918년) 총력전

유럽의 몰락

미국의 대두

전쟁 채권 거액 회수

중국 혁명

코민테른·소련의 중국 혁명 지원

국민당 우파 지원

워싱턴 체제 (1921~1922년 성립)

1920년대 세계사의 초점

미국의 동아시아 진출

제1차 세계 대전으로 유럽이 몰락하고, 세계 경제는 최대 채권을 보유한 나라였던 미국을 중심으로 움직이게 되었습니다. 영국과 프랑스는 독일에게 전쟁 책임을 지게 한 베르사유 체제를 통해 재부상을 도모했지만, 결국 유럽 경제를 지탱한 나라는 독일을 원조한 미국이었습니다. 세계 공황으로 미국의 원조가 끊기고 독일 경제가 붕괴하자, 유럽의 질서도 무너졌습니다.

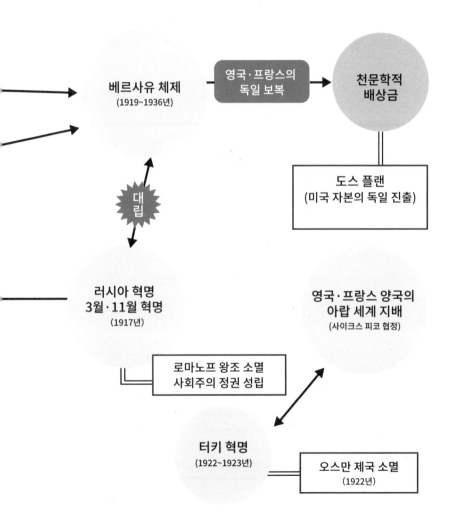

02 총력전과 유럽의 몰락

1914년, 보스니아주의 주도 사라예보에서 세르비아 청년이 오스트리아 황태자 부부를 암살한 **사라예보 사건**이 발생했습니다. 1개월 후, 오스트리아는 세르비아에게 선전포고했습니다. 하지만 사태는 양국 간의 전쟁으로 그치지 않았고, 오스트리아·독일·터키·불가리아 4개국과 이들에 대항한 영국·프랑스·러시아의 삼국 협상 편에 선 27개국이 싸우는 사태로까지 진전되었습니다. **제1차 세계 대전**이 발발한 것이지요.

이 전쟁에서는 그전에는 등장하지 않았던 비행기, 트럭, 전차, 유독 가스, 잠수함 등이 투입되었고 병사와 시민이 너나 할 것 없이 모두 동원되며, 전쟁은 총력전이 되어 길어졌습니다. 첫 전투였던 마른(Marne) 전투에서 소비된 탄약의 양은 러일 전쟁에서 사용한 모든 탄약 소비량에 필적했고, 독일과 프랑스 양국은 비축해 두었던 탄약을 불과 3개월 만에 전부 써버릴 정도였습니다.

프랑스 서부 전선은 약 280킬로미터에 달한 상태로 정체되었고, 독일과 프랑스 양군은 혹독한 싸움을 오랜 기간 이어갔습니다. 1916년 베르됭(Verdun) 전투에서 양군의 사상자는 각각 약 50만 명에 이르렀습니다.

각국은 물자를 통제할 뿐만 아니라, 총동원 체제를 가동해 병사나 후방 근무 요원을 제외한 국민이 군수 공장에서 일하도록 강제했습니다. 전쟁 전까지 가정에 묶여 있던 여성들의 사회 진출이 전후 급속도로 진전된 건, 군수 공장에서 여성이 노동에 참여했기 때문입니다. 또한 영국을 비롯한 **유럽 국가들은**, '병기고·식량고'로서 막대한 무기와 탄약, 식량을 공급한 미국에게 거액의 채무를 지게 되었고 **몰락**해 갔습니다.

키워드 총력전

단순히 군대를 이용해 싸울 뿐만 아니라, 국민 생활을 통제하고 경제·문화·사상·선전 등 국가의 총력을 기울인 전쟁.

제1차 세계 대전 이후 유럽

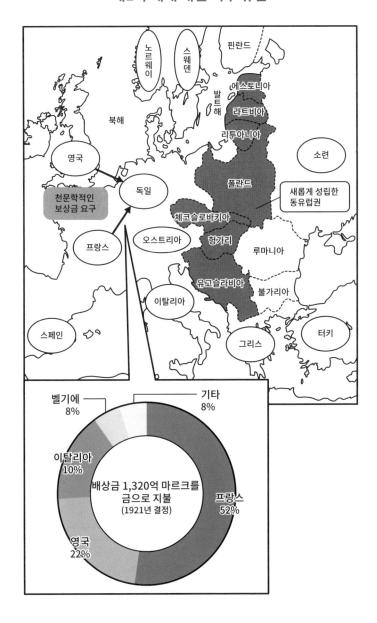

03 러시아 혁명

경제 기반이 약했던 러시아는 제1차 세계 대전에서 식량이 심각하게 부족해졌고, 1917년 3월, 수도 페트로그라드(Petrograd)에서 발생한 식량 폭동을 계기로 각지에서 소비에트(노동 협의회)가 결성되었습니다. 소비에트는 수도 지배권을 손에 쥐었고, 유산 계급의 임시 정부가 소비에트의 승인을 받아 성립했습니다. 로마노프 왕조의 러시아 제국은 멸망했습니다(**3월 혁명**). 혁명 후, 소비에트와 임시 정부의 이중 정권이 계속됐지만, 전쟁을 계속한다는 임시 정부의 방침 때문에 민중의 생활은 점점 더 곤궁해졌습니다. 볼셰비키(Bol'sheviki, 사회주의 정당의 다수파)의 지도자 레닌(Lenin)은 망명 중이던 스위스에서 급히 귀국했고, 전쟁을 즉시 중지하고 임시 정부를 타도해야 한다고 주장했습니다.

세력을 확대한 볼셰비키는 레닌의 지도로 1917년 11월 페트로그라드에서 봉기했고, 사회주의 정권 수립에 성공했습니다(**11월 혁명**). 1918년 3월, 소비에트 정부는 단독으로 독일과 강화 조약을 맺고 전쟁에서 벗어났습니다. 동부 전선의 붕괴와 사회주의 혁명의 파급을 두려워한 영국·프랑스·미국·일본 4개국은 군대를 파견해 러시아 내의 반(反)혁명군을 도왔고, **대소 간섭 전쟁**을 일으켰습니다.

농민에게 강제적으로 식량을 징수하며 위기를 극복한 혁명 정부는 1922년, 러시아와 우크라이나 등 사회주의 공화국 4개국으로 구성된 **소비에트 연방**을 결성했습니다. 1924년 레닌이 사망하자, 일국 사회주의(타국의 지원이 없어도 소비에트 연방의 힘만으로 사회주의를 건설할 수 있다는, 스탈린이 1924년 주장한 이론)를 주장한 스탈린이 세계 혁명을 제창한 트로츠키를 몰아내고 독재 체제를 견고히 했습니다.

키워드 소비에트

러시아어로 '회의', '평의회'라는 뜻. 최초에는 동맹 파업 운동을 지휘하는 위원회였지만, 후에 사회주의 혁명 지도기관이 되었다.

러시아 혁명 과정

1904년		러일 전쟁(~1905년)
1905년	1	피의 일요일 사건→제1차 러시아 혁명(~1907년)
	10	니콜라이 2세의 10월 선언 →두마(국회) 개설 약속
1914년		제1차 세계 대전(~1918년) 참전 → 총력전으로 국내 정세 피폐화
1917년	3	**2월 혁명**(3월 혁명) →니콜라이 2세 퇴위, 로마노프 왕조 멸망
	11	**10월 혁명**(11월 혁명) - 레닌이 혁명 지도 →무장 봉기→임시 정부 타도, 인민 위원회의 성립
		소비에트 정권 수립 – 전(全) 러시아·소비에트 회의에서 선언 →'토지에 대한 포고'(지주의 토지 소유 폐지) 　'평화에 대한 포고'(무합병·무배상·민족 자결)
1918년	3	브레스트리토프스크 조약 →독일·오스트리아와 단독 강화
	4	대소 간섭 전쟁(~1922년) →**전시 공산주의**(~1921년)
1919년	3	코민테른(제3 인터내셔널) 결성 →여러 국가의 사회주의 운동 지도
1921년		**네프(NEP·신경제 정책)**채용(~1927년)
1922년	12	소비에트 사회주의 공화국 연방 성립
1924년	1	레닌 사망
1928년		**제1차 5개년 계획 개시**(~1932년)
1929년		스탈린이 트로츠키 국외 추방
1933년		**제2차 5개년 계획 개시**(~1937년)
1934년		스탈린의 독재 시작 →대숙청의 시작

04 베르사유 체제

　제1차 세계 대전으로 오스만 제국, 러시아 제국, 독일 제국, 오스트리아·헝가리 제국 4개국이 사라지고, 동유럽과 서아시아의 질서가 재편되었습니다. 러시아에는 사회주의 정부가 성립했고, 오스만 제국이 해체되며 아랍 세계는 영국과 프랑스가 지배하게 되었습니다.

　1919년, 파리 강화 회의에서 독일 등 패전국에 대한 조치를 논의했습니다. 미국 **윌슨**(Wilson, Thomas Woodrow) 대통령은 민족 자결과 국제 연맹 창설 등의 내용을 담은 '**14개조**'를 제안했지만 받아들여지지 않았고, 막대한 전쟁 비용 전체를 독일이 부담해야 마땅하다는 프랑스와 영국의 주장이 회의를 지배했습니다. 독일은 모든 식민지를 포기하고, 인구의 약 10%와 유럽 영토의 13%를 잃었으며, 1,320억 마르크를 금으로 배상해야 했습니다. 베르사유 조약과 일련의 제반 조약으로 성립된, 독일을 향한 보복과 러시아 적대를 바탕으로 세워진 유럽의 새로운 질서를 베르사유 체제라 합니다. 영국과 프랑스는 독일, 오스트리아, 러시아 3개국이 무너진 동유럽에 폴란드를 비롯한 수많은 독립국을 만들어내, 독일을 동서에서 포위함과 동시에 러시아 혁명이 싹트지 못하게 막으려 했습니다. 불안정한 동유럽 상황과 독일 및 소련의 불만은 이윽고 다음 세계 대전의 원인이 되었습니다.

　최대 채권 보유국이 된 미국 자본의 도움을 받아 독일 경제는 일시적으로 버틸 수 있었습니다. 하지만 1929년 세계 대공황이 찾아오자 미국 자본이 인상되었고, 독일 경제는 붕괴하며 위기가 더욱 커졌습니다.

키워드 베르사유 체제

독일 제재, 반(反)소비에트, 국제적인 협조를 골자로 하는 제1차 세계 대전 이후 영국·프랑스 중심으로 세워진 유럽 질서.

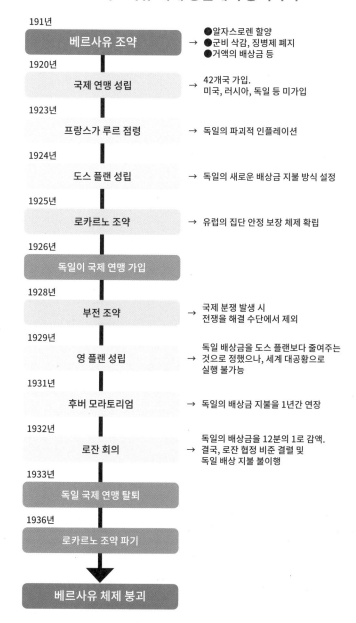

베르사유 체제 성립에서 붕괴까지

191년
베르사유 조약
→ ●알자스로렌 할양
●군비 삭감, 징병제 폐지
●거액의 배상금 등

1920년
국제 연맹 성립
→ 42개국 가입.
미국, 러시아, 독일 등 미가입

1923년
프랑스가 루르 점령
→ 독일의 파괴적 인플레이션

1924년
도스 플랜 성립
→ 독일의 새로운 배상금 지불 방식 설정

1925년
로카르노 조약
→ 유럽의 집단 안정 보장 체제 확립

1926년
독일이 국제 연맹 가입

1928년
부전 조약
→ 국제 분쟁 발생 시
전쟁을 해결 수단에서 제외

1929년
영 플랜 성립
→ 독일 배상금을 도스 플랜보다 줄여주는
것으로 정했으나, 세계 대공황으로
실행 불가능

1931년
후버 모라토리엄
→ 독일의 배상금 지불을 1년간 연장

1932년
로잔 회의
→ 독일의 배상금을 12분의 1로 감액.
결국, 로잔 협정 비준 결렬 및
독일 배상 지불 불이행

1933년
독일 국제 연맹 탈퇴

1936년
로카르노 조약 파기

베르사유 체제 붕괴

05 깨어나는 아시아

1919년 5월 4일, 파리 강화 회의에서 산둥성의 권익 반환을 인정받지 못한 것에 항의하는 학생 운동(5·4 운동)이 전국으로 번지며 반제국주의와 반군벌을 요구하는 목소리가 거세지며 중국 국민당과 중국 공산당이 결성되었습니다. 국민당의 지도자 쑨원은 소련과 코민테른의 지원을 받아 민족 운동을 강화하려 했고, '국공 합작'을 받아들였습니다. 쑨원 사후인 1925년, 상하이 내 영국 조계지에서 많은 사망자를 낸 시위 탄압 사건(5·30 사건)으로 민족 운동이 고양되자, 그다음 해 국민당은 열강과 군벌의 무력을 타도한다는 목적의식으로 북벌을 개시했습니다. 북벌은 순조롭게 진행되었지만, 국공의 대립이 격해지며 미국의 지원을 받은 국민당의 장제스(蔣介石)는 공산당을 탄압했습니다. 1928년에는 베이징의 군벌 장쭤린(張作霖)을 만주로 추방하고, 전국을 통일했습니다. 한편 공산당은 농촌에서 게릴라전을 전개해 1931년에 장시성 루이진(江西省 瑞金)에 마오쩌둥(毛澤東)을 주석으로 추대한 소비에트 정부를 세웠지만, 정부군에 의해 함락 당했습니다. 공산당은 새로운 거점을 찾아 끊임없이 이동했고, 일본 진출에 대항하는 항일 운동을 조직해 세력을 회복했습니다.

인도에서는 영국에 대항하기 위해 간디를 지도자로 삼은 비폭력 불복종 운동이 거세졌습니다. 독립을 되찾은 터키에서는 케말 파샤(Kemal Pasha)의 주도로 칼리프와 술탄이 폐지되었고, 유럽과 같은 정치 문화를 보유한 국가를 만들려 했습니다. 이란의 왕 레자 샤 팔레비(Reza Shah Pahlavi)도 시대에 발맞춰 민족 국가 건설을 도모했습니다.

키워드 북벌

중국 국민 혁명군이 지방 군벌과 베이징 군벌 정부를 타도하기 위해 1926년부터 1928년까지 일으킨 전쟁.

중국의 변혁(1910~1940년대)

1911년	신해혁명 발생 ──────────────→ 청나라 멸망(1912년)
1913년	제2혁명이 실패하고, 위안스카이의 독재 정권으로 이행 └────→ 쑨원이 도쿄에서 '중화 혁명당' 결성(1914년)
1915년	일본의 21개조 요구. 천두슈가 '청년 잡지(신청년)' 발간
1917년	문학 혁명 발생
1919년	5·4 운동이 전국으로 확산. 쑨원이 중화 혁명당을 중국 국민당으로 개조
1921년	상하이에서 중국 공산당 결성
1924년	중국 국민당 전당대회 ──→ '연소(聯蘇)·용공(容共)·농공부조(農工扶助)'를 슬로건으로 제1차 국공 합작 실현
1925년	쑨원 사망. 5·30 사건 발생. 광저우(광둥)에서 국민 정부 성립
1926년	제1차 북벌 개시 우한 정부(국민당 좌파·공산당) 성립 ──합류──→ 국공 분열로 발전
1927년	장제스의 상하이 쿠데타 발생. 난징 국민 정부의 수립 광둥성에 위치한 하이펑과 루펑에 공산당 최초 소비에트 수립 ──붕괴──→ 징강산으로 근거지 이동
1928년	제2차 북벌 완성. 베이징에서 장쭤린 추방 └──→ 장제스의 중국 통일
1931년	루이진에 중화 소비에트 공화국 임시 정부 성립 장제스의 포위 공격 개시. 만주 사변 발생
1934년	중국 공산당군 대이동 시작(~1936년)
1935년	쭌이 회의 ──────→ 마오쩌둥의 지도권 확립 8·1 선언 ──────→ 항일 민족 통일 전선 제창
1936년	시안 사건
1937년	루거우차오 사건 발생 ──────→ 중일전쟁(1937~1945년)으로 발전 제2차 국공 합작 성립
1945년	국공 내전 재개
1949년	중화 인민 공화국 성립

01 세계 대공황이 가져온 자원 약소국의 위기

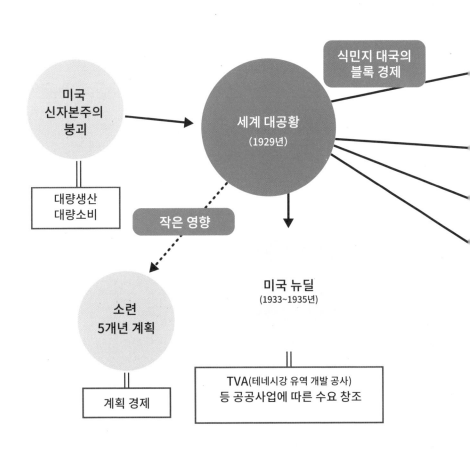

세계 대공황이 확산되자 미국은 대규모 개발 사업으로 수요를 만들어냈고, 영국과 프랑스는 광대한 식민지에서 다른 나라를 내쫓는 폐쇄적 블록 경제로 위기를 극복하려 했습니다. 하지만 자원도 식민지도 보유하지 못한 독일과 이탈리아, 일본 등 자원 약소국은 침략과 군수 산업을 확대하는 방법을 선택했습니다. 전쟁으로 가는 길을 걷는 셈이었지요.

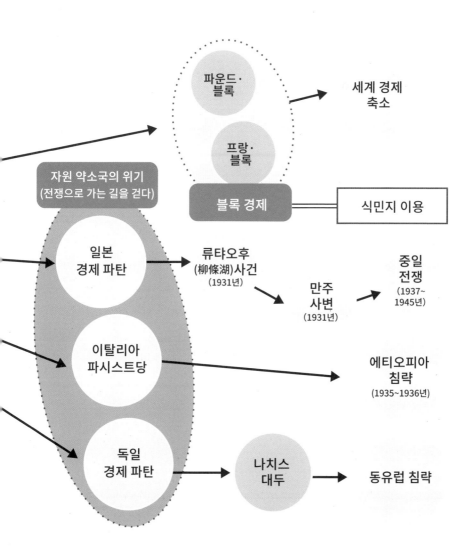

02 세계 대공황

미국은 1920년대 '황금의 20년대'를 맞이했습니다. 하지만 대량생산·대량소비로 생산 규모를 큰 폭으로 늘린 경제는 10년도 지나지 않아 막다른 길을 맞닥뜨렸습니다. 자동차나 전자 제품의 소비가 늘지 않으니 생산도 더는 진전되지 않았고, 잉여 자금은 주식이나 토지를 투기하는 데 향했습니다. 투자 신탁이 보급되며 대중 투자가 확대되자, 버블은 더욱 큰 규모로 붕괴하게 되었습니다.

1929년 10월 24일 목요일, 뉴욕 월스트리트의 증권 거래소에서 돌연 일어난 **주가 대폭락**을 계기로 주가의 하락이 계속되며 은행 파산과 기업 도산이 줄지어 일어났고, 실업자가 길에 넘쳤습니다. 그 후 4년간 미국의 공업 생산량은 반 토막이 되며 네 명 중 한 명은 실업자라는 혹독한 상황에 놓였습니다. 위기에 직면한 미국의 은행이 독일 등 세계로 투자한 자본을 단숨에 인상했기 때문에, **독일 경제가 붕괴**했습니다. 무역의 급격한 축소와 더불어 공황이 확산되었고(세계 대공황), 국제 경제가 한 번에 수축했습니다.

이 사태를 해결하기 위해 미국은 공공 투자를 실시해 실업자와 잉여 물자를 흡수하려는 **뉴딜** 정책을 취했고, 경제를 재건했습니다. 많은 식민지를 보유한 영국이나 프랑스 등은 본국과 식민지의 배타적 경제 블록을 형성해 대응했습니다. 한편 자원이나 많은 식민지를 보유하지 못한 독일, 이탈리아, 일본 등의 경제는 파탄에 이르러, 민족주의를 바탕으로 타국을 침략해 구원의 길을 찾으려 했습니다. 다만 계획 경제를 실행하던 소련은 공황의 영향을 거의 받지 않았습니다.

키워드 세계 대공황

과잉 자금이 유입된 주식시장의 파탄으로, 미국에서 모든 자본주의 국가로 파급된 세계사상 최대 규모의 공황.

세계 대공황의 경과

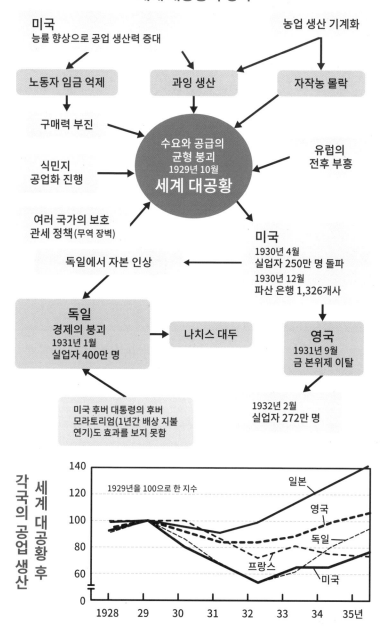

미국
능률 향상으로 공업 생산력 증대

농업 생산 기계화

노동자 임금 억제

과잉 생산

자작농 몰락

구매력 부진

식민지
공업화 진행

**수요와 공급의
균형 붕괴
1929년 10월
세계 대공황**

유럽의
전후 부흥

여러 국가의 보호
관세 정책(무역 장벽)

미국
1930년 4월
실업자 250만 명 돌파
1930년 12월
파산 은행 1,326개사

독일에서 자본 인상

독일
경제의 붕괴
1931년 1월
실업자 400만 명

나치스 대두

영국
1931년 9월
금 본위제 이탈

미국 후버 대통령의 후버
모라토리엄(1년간 배상 지불
연기)도 효과를 보지 못함

1932년 2월
실업자 272만 명

각국의 공업 생산 세계 대공황 후

1929년을 100으로 한 지수

일본
영국
독일
프랑스
미국

1928 29 30 31 32 33 34 35년

140 120 100 80 60 0

03 블록 경제와 파시즘

제1차 세계 대전으로 경제 파탄이 일어난 이탈리아와 독일에서는 파시즘이 대두되었습니다. 이탈리아에서는 국민 단결과 체제 유지를 주장하는 무솔리니(Mussolini)의 파시스트당이 가두 행동으로 세력을 확대했고, **로마 진군**을 통해 정권을 장악했습니다. '전체 투표수 25%를 획득한 정당이 의석의 3분의 2를 점할 수 있다'는 선거법을 제정하고 의회를 지배해 1928년, **파시스트당**의 일당 독재 체제를 견고히 했습니다.

한편 독일에서는 국민의 절반이 실업자가 되며 사회 불안이 더 심해졌습니다. 이 상황에서 히틀러가 이끄는 국민 사회주의 독일 노동당(**나치스**)이 의회의 무능한 행태에 싫증내던 도시의 중간층이나 농민의 지지를 받아, 의회의 제1당으로 약진했습니다. 히틀러는 교묘한 선전과 가두 행동으로 베르사유 체제 타파와 게르만 민족의 우월성, 유대인 배격, 반(反)공산주의를 주장하며 지지를 얻었습니다.

1932년, 영국은 본국과 식민지 간 특혜 관세로 배타적 자급자족 블록을 형성했고, 프랑스도 그 움직임에 동참했습니다. 독일에서는 1933년에 수상이 된 히틀러가 공산당을 탄압하고, 이탈리아 파시스트당의 수법을 참고해 위기 대응을 주장하며 나치스에 법률의 제정권을 부여하는 전권 위임법을 성립시켰습니다. **전권 위임법**을 통해 히틀러는 일당 독재 체제를 견고히 하고 1934년, 총통의 자리에 올랐습니다. 나치스는 고속도로를 건설하고 자동차 산업을 육성하며 불황을 극복하려 했고, 올림픽으로 국위 선양, 대규모 군비 확충 등을 실시했습니다. 전쟁으로 가는 길을 걸었다고 할 수 있죠.

키워드 파시즘
제1차 세계 대전 이후 가두 행동으로 떠오른, 자유주의를 부정하며 전체주의적·배타적인 정치 이념 또는 체제를 이른다.

유럽에서의 파시즘 대두

독일		이탈리아
나치당 (국민 사회주의 독일 노동당) 성립	1920년	
히틀러, 나치당의 수장 추대	1921년	파시스트당 결성
	1922년	무솔리니의 로마 진군· 파시스트당 내각 성립
뮌헨 반란(→실패)	1923년	
	1928년	파시스트당 독재 확립
1929년　세계 대공황 시작		
나치당, 제1당으로 약진	1932년	
히틀러 내각 성립·전권 위임법 (히틀러의 독재 정권 확립) ·국제 연맹 탈퇴	1933년	
히틀러 총통 취임	1934년	
자를란트 편입·재군비 선언	1935년	에티오피아 침입
라인란트 진주(베르사유 조약, 로카르노 조약 파기)	1936년	에티오피아 합병
1936년　스페인 내전 간섭(~1939년)		
1936년　베를린·로마 추축 성립		
1937년　독일·이탈리아·일본 방공 협정		
	1937년	국제 연맹 탈퇴
오스트리아 합병·뮌헨 회의→ 수데텐 지방 합병	1938년	
	1939년	알바니아 합병

04 베르사유 체제의 붕괴

히틀러는 1933년 국제 연맹을 탈퇴했습니다. 1935년에는 금지되었던 재군비를 선언하고, 그다음 해에는 비무장 지대였던 **라인란트**(Rheinland)에 군대를 주둔시키며 베르사유 체제를 무너뜨렸습니다. 나치스는 국경 분쟁을 구실 삼아 에티오피아에 침입한 이탈리아와 힘을 합쳐, 유럽 질서를 재편하려 나섰습니다. **스페인 내란**(1936~1939년)에서 나치스는 이탈리아와 함께 반란군을 통솔한 프랑코(Franco)를 지원했습니다. 프랑코가 반(反)파시즘을 주장한 인민 전선 정부를 타도하며 나치스의 영향력이 강해졌습니다.

독일은 '민족 통일'을 제창하며 동유럽의 이권 회복과 '**생존권**(生存圈)'을 구축하려 했고, 1938년 오스트리아를 합병했습니다. 이어서 같은 해 가을, 독일인이 많은 수데텐(Sudeten) 지방(체코슬로바키아)의 합병을 요구했습니다. 영국의 체임벌린(Chamberlain) 수상은 독일·이탈리아·프랑스의 수뇌부를 모아 **뮌헨 회담**을 개최하고, 독일에 대한 **유화 정책**을 주장해 체코슬로바키아의 반대를 무릅쓰고 합병을 승인했습니다.

1939년, 나치스는 체코를 보호령, 슬로바키아를 보호국으로 삼고, 다음 표적으로 폴란드를 조준했습니다. 그때에야 비로소 유화 정책의 한계를 깨달은 영국과 프랑스는 동유럽을 자신들의 세력권에 두기 위해 폴란드를 지지하기로 결의했습니다. 하지만 같은 해 8월 나치스는, 제1차 세계 대전 말기에 체결한 브레스트리토프스크(Brest Litovsk) 조약으로 동유럽에서 잃은 영토를 되찾으려 한 소련의 스탈린과 독소 불가침 조약을 맺고, 폴란드에 침공했습니다. 영국과 프랑스 양국은 독일에 선전포고했고 제2차 세계 대전이 시작되었습니다.

키워드 **독소 불가침 조약**

나치 정권과 소련 사이에서 맺어진 상호 불가침 조약. 부속 비밀 협정서로 폴란드 분할을 결정했다.

1930년대 유럽

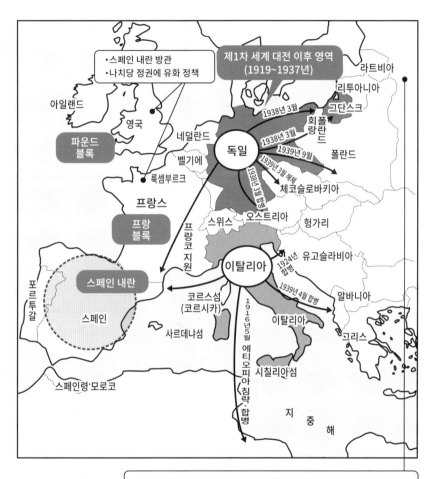

- 스페인 내란 방관
- 나치당 정권에 유화 정책

제1차 세계 대전 이후 영역
(1919~1937년)

라트비아

리투아니아

아일랜드

그단스크

영국

파운드
블록

네덜란드

1938년 3월

회
폴
랑
란
드

독일

1938년 3월

1939년 9월

폴란드

벨기에

룩셈부르크

1939년 3월 해체

체코슬로바키아

프랑스

1938년 3월 병합

프랑
블록

스위스

오스트리아

헝가리

프
랑
코
지
원

스페인 내란

이탈리아

1924년
합병

유고슬라비아

포
르
투
갈

스페인

코르스섬
(코르시카)

1939년 4월 합병

알바니아

사르데냐섬

1
9
1
6
년
5
월
에
티
오
피
아
침
략
·
합
병

이탈리아

그리스

시칠리아섬

스페인령·모로코

지   중   해

동유럽 국가들은 국가 기반이 약해, 매우 불안정한 상황이었다.
제2차 세계 대전은 이 지역들이 원인이 되어 발발했다.

05 만주 사변과 중일 전쟁

세계 대공황은 일본에도 여파를 미쳐, 주가가 대폭락하며 노동자 300만 명이 일자리를 잃었습니다. 농촌에서도 비단의 수출이 부진하자 양잠 농가가 큰 타격을 입었고, 일본 최대의 '기업'이었던 만테츠(남만주 철도 주식회사)도 적자로 전환되었습니다.

1931년, 중국에 주둔 중이던 일본 육군 부대 관동군 병사가 펑톈(일본이 만주국을 건국하며 기존 사용하던 '선양'이라는 지명에서 펑톈으로 이름이 바뀌었으나, 1950년 다시 선양으로 바뀌었다) 교외에 위치한 류타오후(柳條湖) 부근에서 만테츠의 선로를 약 1미터 폭파시켰습니다(**류타오후 사건**). 관동군은 장쭤린의 아들 장쉐량(張學良)의 군대가 조업을 해서 일어난 사건이라 덮어씌운 후 군사 행동을 벌였고, 주요 도시를 잇달아 점령했습니다. 이 사건이 바로 **만주 사변**입니다. 중국 국민당의 장제스는 이 사건을 국제 연맹에 해결해 달라고 위탁했고, 공산당군과 벌이던 전투에 집중했습니다. 관동군은 국제 연맹이 조사에 착수하기 전 빼도 박도 못하도록 1932년, 청나라 최후의 황제 선통제가 집정하는 만주국을 건국했습니다.

그제야 중국 국민당과 공산당이 함께 일본국의 침략에 맞서 싸워야 한다는 주장이 힘을 얻었고, 1936년 시안에서 항일을 주장한 장쉐량의 군대가 장제스를 연금한 시안 사건을 시작으로 1937년 9월 '일치항일'을 슬로건으로 내건 **제2차 국공 합작**이 성립했습니다.

민족 운동이 고양되자 조바심을 느낀 일본군은, 1937년 7월 밤 베이징 교외에 위치한 루거우차오(盧溝橋)에서 야간 훈련 중이던 일본 병사가 행방불명이 된 사건(**루거우차오 사건**, 병사는 곧 군대에 복귀했다)을 구실로 **중일 전쟁**(항일 전쟁)을 개시했습니다. 일본군은 중국의 항전력을 얕잡아봤지만, 톈진, 베이징, 상하이, 광저우 등 주요 도시와 수도 난징을 함락시켜도 전쟁은 끝나지 않았고 진흙탕 싸움이 되어갔습니다.

키워드 항일 전쟁

중국이 중일 전쟁을 부르는 호칭. 이 전쟁은 민족 혁명전쟁으로서, 중국 혁명의 일부로 간주된다.

중일 전쟁의 전개

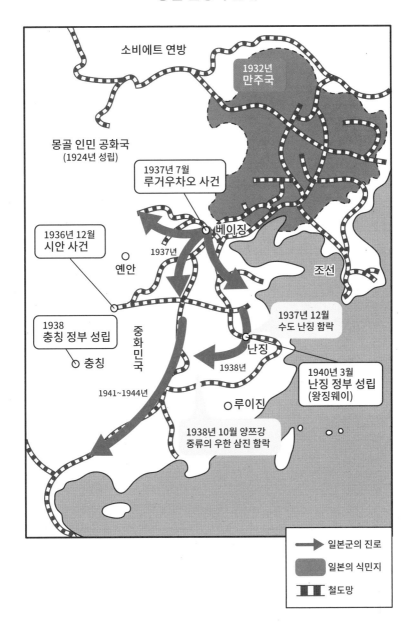

소비에트 연방

1932년
만주국

몽골 인민 공화국
(1924년 성립)

1937년 7월
루거우차오 사건

1936년 12월
시안 사건

베이징

1937년

옌안

조선

1938
충칭 정부 성립

중화민국

1937년 12월
수도 난징 함락

충칭

난징

1938년

1940년 3월
난징 정부 성립
(왕징웨이)

1941~1944년

루이진

1938년 10월 양쯔강
중류의 우한 삼진 함락

→ 일본군의 진로

일본의 식민지

▮▮▮ 철도망

01 영토 문제가 불러들인 두 차례의 세계 대전

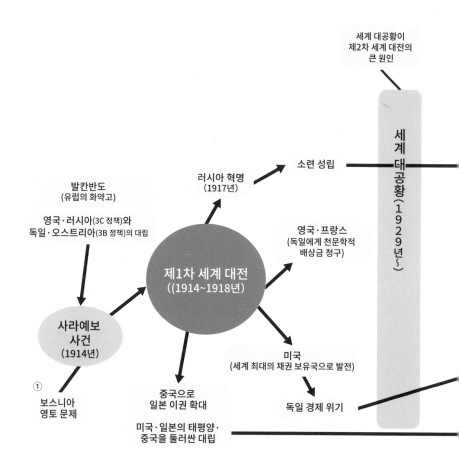

세계 대공황이
제2차 세계 대전의
큰 원인

발칸반도
(유럽의 화약고)

영국·러시아(3C 정책)와
독일·오스트리아(3B 정책)의 대립

러시아 혁명
(1917년)

소련 성립

세계 대공황(1929년~)

영국·프랑스
(독일에게 천문학적
배상금 청구)

제1차 세계 대전
((1914~1918년)

사라예보
사건
(1914년)

① 보스니아
영토 문제

중국으로
일본 이권 확대

미국
(세계 최대의 채권 보유국으로 발전)

미국·일본의 태평양·
중국을 둘러싼 대립

독일 경제 위기

두 차례의 세계 대전은 모두 민족주의를 바탕으로 한 영토 분쟁에서 일어났습니다. 보스니아를 둘러싼 세르비아와 오스트리아의 대립, 구 식민지인 폴란드를 되찾으려 한 독일과 소련의 폴란드 침공이 전쟁의 시발점이었지요. 제2차 세계 대전은 당초 식민지 회복을 목적으로 한 영토 전쟁이었지만, 결국 자원 약소국과 연합국의 전쟁으로 탈바꿈했습니다.

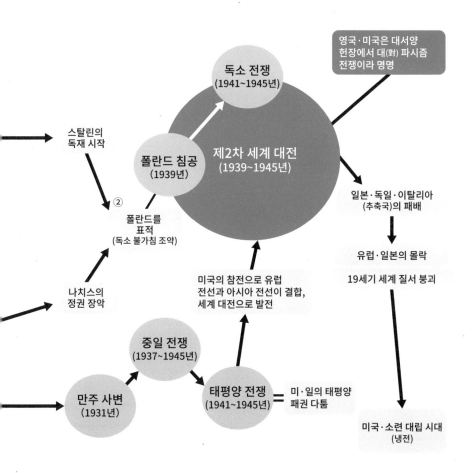

02 제2차 세계 대전의 발발

1939년 9월, 독소 불가침 조약에 부속한 폴란드 분할 비밀 조약에 따라 독일이 **폴란드 서부를 기습 침공**하자, 소련도 폴란드 동부를 점령했습니다. 이 움직임에 영국과 프랑스가 독일에 선전포고하며 제2차 세계 대전이 시작되었습니다.

하지만 독일과 소련의 불화를 기대한 영국·프랑스 양국은 선전포고 후에도 군사를 움직이지 않았고, 한동안 전쟁이 시작되지 않았기 때문에 '기묘한 전쟁'이라는 이름까지 얻었습니다. 하지만 1940년 4월이 되자 독일군은 덴마크와 노르웨이를 급습했습니다. 5월에는 중립국이었던 네덜란드와 벨기에를 무너뜨리고 북프랑스에 급작스럽게 침입해, 파리를 점령했습니다. 이탈리아도 독일이 우위를 점하자 참전했습니다.

1940년 6월 프랑스가 항복하자 영토의 북반부는 독일군이 점령했고, 남반부는 비시(Vichy)를 수도로 둔 친독일파 정권이 성립했습니다. 이에 대항해 프랑스의 군인 드골(de Gaulle)은 런던에 망명 정부를 수립하고 철저한 항전을 호소해 레지스탕스(저항 운동)가 시작되었습니다.

같은 해, 영국에서는 유화 정책이라는 오판을 범한 체임벌린을 대신해 **윈스턴 처칠**(Churchill)이 수상이 되었고, 독일군의 세찬 공중 폭격을 견디며 전투를 이어갔습니다. 미국이 **무기 대여법**(미국이 제1차 세계 대전 이후 채권을 회수하지 못한 경험을 바탕으로 제정한 것으로, 연합국에 군사 원조를 위해 무기를 대여해주는 법률)에 따라 영국을 군사 지원했기 때문에, 독일군은 영국 상륙을 이루지 못했고 전쟁은 장기화되었습니다. 9월에는 독일, 이탈리아, 일본이 삼국 동맹을 결성했습니다. 1940년부터 1941년까지 독일군은 발칸반도에도 진출했고, 소련과의 관계에서 긴장감은 더욱 팽팽해졌습니다.

키워드 독일·이탈리아·일본 삼국 동맹

독일, 이탈리아, 일본 세 나라 중 한 나라라도 미국과 전쟁을 벌일 때에는 다른 나라도 미국에 선전포고하도록 했다.

태평양 전쟁과 제2차 세계 대전의 국제 관계

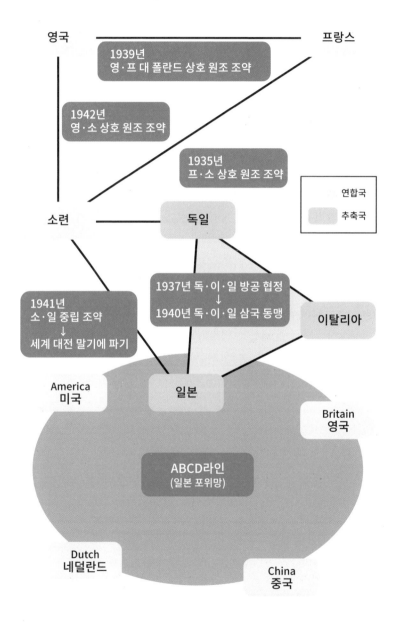

영국 ——————————————— 프랑스

1939년
영·프 대 폴란드 상호 원조 조약

1942년
영·소 상호 원조 조약

1935년
프·소 상호 원조 조약

연합국
추축국

소련 —— 독일

1937년 독·이·일 방공 협정
↓
1940년 독·이·일 삼국 동맹

이탈리아

1941년
소·일 중립 조약
↓
세계 대전 말기에 파기

America
미국

일본

Britain
영국

ABCD라인
(일본 포위망)

Dutch
네덜란드

China
중국

03 독소 전쟁에서 태평양 전쟁으로

1941년 4월, 소련과 일본이 소·일 중립 조약을 체결하고, 상호 안전을 확보했습니다. 한편 유럽에서는, 장기전 수행을 위해 소련의 영토였던 바쿠 유전의 석유가 필요했던 독일이 3개월이면 소련을 무너뜨릴 수 있다고 판단해, 독·소 불가침 조약을 깨고 소련을 공격했습니다(**독·소 전쟁**). 하지만 소련이 저항하며 전선은 교착 상태에 빠졌습니다. 영국은 이 독·소 전쟁을 이용해 독일 전선을 분산시키려 소련과 군사 협정을 맺었고, 미국도 소련에게 전략 물자를 보내게 되었습니다.

8월, 미국과 영국은 대서양 헌장을 발표하고 나치스를 타도하고 전후 평화를 구상할 것을 분명히 했고, **제2차 세계 대전은 반(反)파시즘 성격의 전쟁**이라고 명명했습니다. 독·소 전쟁이 시작되며 전쟁의 성격이 바뀐 것이지요.

아시아에서는 독·소 전쟁이 시작되자 일본이 인도네시아 남부에 군사를 주둔시켰습니다. 미국은 일본군이 중국에서 물러날 것을 요구하며, **일본에 석유와 고철을 수출하지 못하도록 금지**했습니다. 동남아시아에서 석유를 조달할 수밖에 없는 상황에 놓인 일본은 미국과의 전쟁을 선택했습니다. 12월 8일, 일본은 영국령 말레이반도와 하와이 진주만을 기습해, **태평양 전쟁**을 일으켰습니다. 독일과 이탈리아도 미국에 선전포고하며 아시아의 전선과 유럽 전선이 연결되었습니다. 1942년 1월, 미국, 영국, 소련, 중국 등 26개국이 **연합국 공동 선언**에 조인(調印)했습니다. 장제스가 중국 전쟁 구역의 최고 사령관이 되었고, 중일 전쟁도 제2차 세계 대전으로 편입되었습니다.

키워드 대서양 헌장

영토 불가침, 정치 체제 선택의 자유, 상호 경제 협력, 공포와 결핍으로부터의 자유, 공해(公海)의 자유, 무력행사 불가 등이 명기되었다.

제2차 세계 대전의 전환

유럽 전선				아시아·태평양 전선
독·소 불가침 조약	8월	1939년	5월	노몬한 사건 (만주 국경에서 소·일 양군 충돌)
독일이 폴란드 침공 →제2차 세계 대전 시작	9월			
독·소의 폴란드 분할·병합			7월	미국의 미·일 통상 항해 조약 파기 통고
독일의 파리 점령	6월	1940년	7월	일본의 대동아 공영권 구상 발표
독일·이탈리아·일본 삼국 동맹	9월		9월	독일·이탈리아·일본 삼국 동맹
독·소 전쟁 개시	6월	1941년	4월	소·일 중립 조약
			7월	미·영의 일본 자산 동결 →일본으로 수출하는 연합국 물자 제한 =ABCD 라인 형성
연합군의 대서양 헌장 발표	8월		12월	일본의 진주만(펄 하버) 공격 →태평양 전쟁 시작. 세계 전쟁으로 돌입
독일의 유대인 탄압 결정	1월	1942년	6월	미드웨이 해전에서 일본군 대패
연합군의 북아프리카 상륙	11월		8월	미국의 과달카날섬 상륙
스탈린그라드 전투에서 독일군 항복	2월	1943년	12월	일본에서 학도병 출진 시작
이탈리아의 무조건 항복	9월			
연합군의 노르망디 상륙	6월	1944년	6월	미국의 사이판섬 상륙
연합군의 파리 해방	8월		10월	미국의 레이테섬 상륙
얄타 회담(미·영·소)	2월	1945년	4월	미군의 오키나와 상륙
베를린 함락, 독일의 무조건 항복	5월			
포츠담 회담(미·영·소)	7월		8월	히로시마·나가사키 원폭 투하. 소련의 대일 참전
				일본의 포츠담 선언 (미·영·중·소) 수락 →무조건 항복

04 연합국의 반격과 전쟁 국면의 전환

1942년부터 전쟁의 바람이 바뀌어, 물량으로 승기를 쥔 연합국의 반격으로 국면이 역전되었습니다. 1942년 6월, 미군은 **미드웨이 해전**에서 일본 해군에게, 1943년에는 과달카날섬(Guadalcanal Island)에서 일본 육군에게 패배를 맛보여준 후, 서남태평양의 섬들을 탈환했습니다. 1944년에는 전쟁 초기에 빼앗긴 필리핀 탈환 작전을 시작했고, 사이판섬도 점령했습니다. 미군이 **사이판섬**을 점령하자, 일본 본토의 도시들은 공습당할 위기에 놓였습니다.

유럽에서는 1943년 초에 소련이 **스탈린그라드**(Stalingrad, 오늘날 볼고그라드)에서 독일군을 격파하며 국면이 역전되었습니다. 한편 영미군은 북아프리카에서 시칠리아섬을 경유해 이탈리아 본토에 상륙했습니다. 1943년 9월, 이탈리아는 연합국에 무조건 항복을 선언했습니다. 같은 해 11월, 미국·영국·중국 3개국의 수뇌부가 카이로에 모여, 일본의 전후 처리에 관한 **카이로 선언**을 발표했습니다. 1944년 6월, 연합군은 프랑스 북서부에 위치한 노르망디 지방에 상륙했고, 독소 전선에 추가적으로 **제2전선**을 형성했습니다. 동서로 날아드는 공격에 독일군은 완전히 무너졌습니다.

1945년 2월, 미국·영국·소련 3개국 수뇌부는 얄타 회담에서 소련의 대일 참전에 관한 밀약(얄타 협정)을 체결했습니다. 그 후, 5월 독일 항복, 6월 미국의 오키나와 점령, 8월 6일 히로시마 및 8월 9일 나가사키에 **원폭 투하**, 8월 8일 소련군의 만주 침공을 겪은 끝에 8월 14일 일본이 포츠담 선언을 수락하며 제2차 세계 대전은 종결되었습니다.

키워드 얄타 협정

독일 점령 방법, 국제 연합(UN)의 설립, 폴란드 국경, 소련의 대일 참전과 쿠릴열도·남부 사할린의 획득 등을 정했다.

전후 처리에 관한 회담

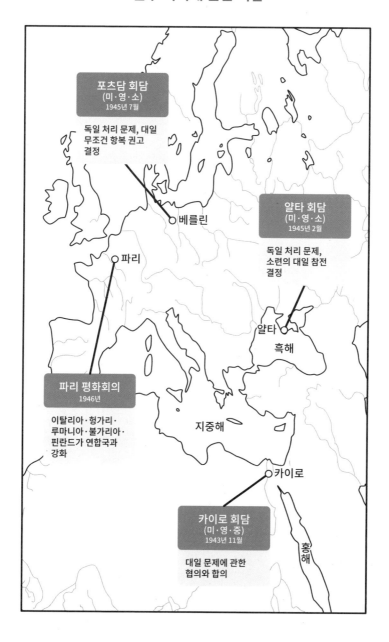

포츠담 회담
(미·영·소)
1945년 7월

독일 처리 문제, 대일
무조건 항복 권고
결정

○ 베를린

○ 파리

얄타 회담
(미·영·소)
1945년 2월

독일 처리 문제,
소련의 대일 참전
결정

얄타 ○
흑해

파리 평화회의
1946년

이탈리아·헝가리·
루마니아·불가리아·
핀란드가 연합국과
강화

지중해

○ 카이로

카이로 회담
(미·영·중)
1943년 11월

대일 문제에 관한
협의와 합의

홍해

제6부

달러 패권에서
글로벌 경제로

01 냉전 구조와 세 갈래로 나눠진 세계

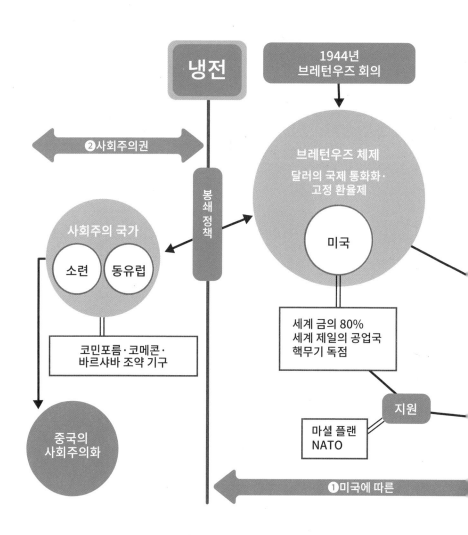

19세기 유럽 중심의 식민지 체제가 붕괴하고, 미국과 소련이 이끌어 가는 경제·군사 패권 시대로 바뀌었습니다. 소련의 사회주의권 확대 정책에 미국이 '봉쇄 정책'으로 대항하며 세계는 '냉전'에 돌입했습니다. 종주국에서 독립한 신흥 국가들은 미국과 소련의 대립에 중립 정책을 취하는 제3세력이 되었습니다. 결국 전후 세계는 세 개의 세력권으로 나눠진 것이지요.

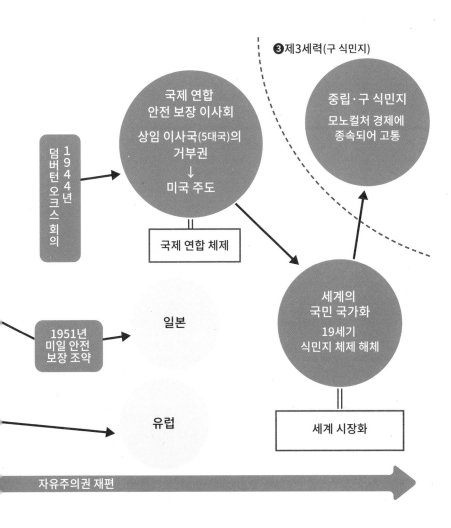

02 패권 국가가 된 미국

제2차 세계 대전은 유럽 전선과 아시아 전선이 연결되며 제1차 세계 대전을 훨씬 뛰어넘는 총력전이 되었기 때문에, 모든 참전국들이 피폐해졌습니다. 전쟁 이후, 국토가 전쟁터가 되지 않았던 미국이 경제의 선두에 섰습니다.

세계 대전 중 두 배 이상의 경제 성장을 이룩한 미국은, 세계 공업 생산량의 절반을 차지하며 세계 금의 80%를 축적했습니다. 유럽이든 아시아든, 전쟁의 참화에서 부흥하기 위해서는 미국의 지원에 의존해야 했습니다.

이런 사정으로 1944년 개최된 **브레턴우즈**(Bretton Woods) **회의**에서 달러는 금과 교환할 수 있는 유일한 통화가 되었고, **고정 환율제**에 따라 각국 통화를 달러로 바꾼 후 금과 교환하는 **금 달러 본위제**가 확립되었습니다. 달러가 국제 통화가 되며 미국이 세계 경제를 좌지우지하게 되었습니다. 국제 통화 기금(IMF)과 국제 부흥 개발(세계)은행이 브레턴우즈 체제를 지탱했습니다.

정치 측면에서 미국은 **국제 연합**(UN)에서 5대국이 **거부권**을 가진 안전 보장 이사회의 상임 이사국이 되면, UN을 통해 전후 질서를 확립할 수 있을 것이라 생각했습니다. 미국은 19세기 유럽 중심의 식민지 체제를 무너뜨리고, 세계 진출이 용이한 **국민 국가 체제로 바꾸려** 했습니다.

통상 측면에서 미국은 자국의 절대적 우위를 전제로, 자유·다각·무차별이라는 원칙에 따라 국제 무역 확대를 도모한, 관세 무역 일반 협정(GATT)을 추진했습니다.

키워드 국제 통화 기금

세계 통화 제도를 안정시키기 위해 자유 무역, 금 달러 본위제에 따른 다각적 결제 방식 확립, 환율 안정을 도모했다.

달러의 패권과 세계 경제

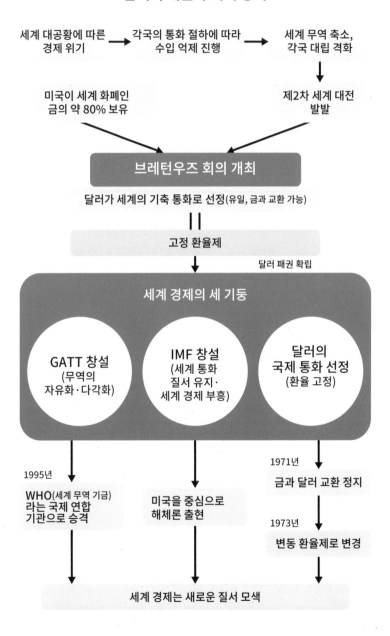

세계 대공황에 따른 경제 위기 → 각국의 통화 절하에 따라 수입 억제 진행 → 세계 무역 축소, 각국 대립 격화

제2차 세계 대전 발발

미국이 세계 화폐인 금의 약 80% 보유

브레턴우즈 회의 개최

달러가 세계의 기축 통화로 선정(유일, 금과 교환 가능)

고정 환율제

달러 패권 확립

세계 경제의 세 기둥

GATT 창설 (무역의 자유화·다각화)

IMF 창설 (세계 통화 질서 유지· 세계 경제 부흥)

달러의 국제 통화 선정 (환율 고정)

1995년
WHO(세계 무역 기금) 라는 국제 연합 기관으로 승격

미국을 중심으로 해체론 출현

1971년
금과 달러 교환 정지

1973년
변동 환율제로 변경

세계 경제는 새로운 질서 모색

03 40년간 이어진 냉전

제2차 세계 대전 이후, 스탈린은 나치스와 독일과의 전투에서 승리한 업적과 강대한 군사력, 사회주의 이데올로기로 **사회주의권**(소련권)을 형성하는 데 나섰고, 미국의 패권에 도전장을 내밀었습니다.

제2차 세계 대전 말기인 1945년 개최된 얄타 회담에서 소련은 영미 양국의 암묵적인 양해를 받아, 점령 중이던 인구 약 1억 명을 보유한 동유럽을 세력권에 편입시키며 소련권 형성에 착수했습니다.

소련은 제2차 세계 대전에서 영국, 이탈리아, 그리스를 합친 수준으로 영토를 확대하며 **세계 육지 면적의 6분의 1**을 차지한 대륙 제국이 되어, 세력을 더욱 팽창하고 있었습니다.

그리스를 제외한 동유럽 국가들이 사회주의권에 편입되는 것을 보며 위기감을 강하게 느낀 미국은 1947년 3월 트루먼(Truman) 선언을 발표했고, 그리스와 터키에 군사를 원조하며 소련과 군사적으로 대결하는 **'봉쇄 정책'**을 표명했습니다. 같은 해 6월, 미국은 **마셜 플랜**(Marshall Plan, 유럽 경제 부흥 원조 계획)을 발표하고, 서유럽 국가들에 대한 미국의 주도권을 확립했습니다. 소련 측도 코민포름(Cominform, 공산당·노동당 정보국)을 결성하며 베를린을 둘러싼 대립은 점점 더 심각해졌습니다(**베를린 위기**, 1949). 냉전(1947~1989)이 시작된 것이지요.

자유주의권의 핵심은 북대서양 조약 기구(NATO)를 중심으로 한 미국·유럽의 공동 군사 체제였고, 공산주의권의 핵심은 바르샤바 조약 기구였습니다.

키워드 냉전

제2차 세계 대전 이후, 미·소 양국은 무력은 이용하지 않아도 배후에 핵무기를 둔 이데올로기 대립으로 국제적 긴장 상태를 이어갔다.

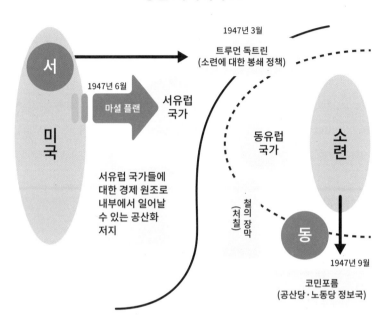

냉전 체제의 구도

1947년 3월
트루먼 독트린
(소련에 대한 봉쇄 정책)

서

1947년 6월
마셜 플랜

서유럽
국가

미국

서유럽 국가들에
대한 경제 원조로
내부에서 일어날
수 있는 공산화
저지

동유럽
국가

소련

철의 장막
(처칠)

동

1947년 9월
코민포름
(공산당·노동당 정보국)

핵무기 보유 수 변화

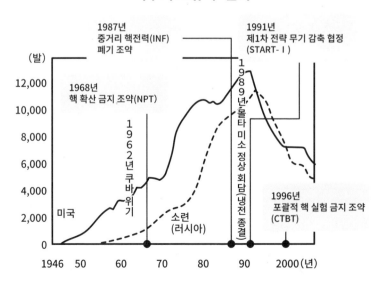

(발)

1987년
중거리 핵전력(INF)
폐기 조약

1991년
제1차 전략 무기 감축 협정
(START- I)

12,000

1968년
핵 확산 금지 조약(NPT)

1989년 몰타 미소 정상 회담(냉전 종결)

10,000

8,000

1962년 쿠바 위기

6,000

4,000

2,000

미국

소련
(러시아)

1996년
포괄적 핵 실험 금지 조약
(CTBT)

0

1946 50   60   70   80   90   2000 (년)

04 제3세력과 남북문제

　제2차 세계 대전이 끝나며, 전 세계에 퍼져 있던 유럽 국가들의 식민지는 모두 해체되었습니다. **19세기에 성립된 세계 질서가 붕괴**된 것이죠. 아시아와 아프리카의 드넓은 지역에서는 유럽 국가들이 구축한 식민지 영역을 국토로 물려받은 **신흥 국민 국가가 연이어 탄생**했습니다. 국가 성립은 매우 신속하게 진행되어, 1945년부터 1964년까지의 약 10년 사이에 53개국(아시아 20개국, 아프리카 33개국)이나 탄생했습니다. 세계 인구의 약 30%가 새로운 나라를 가지게 되었지요.

　그 후에도 국민 국가의 수는 계속 늘어나, 오늘날에는 190개국에 달합니다.

　1955년, 아시아와 아프리카의 29개국 정부 대표가 참여한 **반둥**(Bandung) **회의**(아시아·아프리카 회의)는, 아시아와 아프리카의 신흥국 대표가 개최한 정부 수준의 첫 국제회의라는 점에서 세계사가 전환되었다는 상징이 되었습니다.

　회의는 반(反)식민지주의와 민족주의, 인종 차별 철폐 등의 내용이 담긴 **평화 십 원칙**을 채택했습니다. 인도의 네루(Nehru) 수상, 인도네시아의 수카르노(Sukarno) 대통령, 이집트의 나세르(Nasser) 대통령 등의 주도로 미국과 소련 어디에도 속하지 않는 '제3세력'이 결성되었고, 일정한 영향력을 가지게 되었습니다.

　하지만 신흥 독립국은 구 식민지 영역을 계승했기 때문에, 오래된 경제 관계를 끊지 못한 채 유럽과 같은 국민 국가의 짜임새를 가지고 독립했다는 한계점이 있었습니다. 그렇기 때문에 19세기에 성립된 세계 질서에서 최소한의 변화만 이루어졌고, 아시아와 아프리카에서 국민 국가가 늘어났다는 정도로 세계 질서 변동의 의미가 한정되었습니다.

키워드 제3세력

제2차 세계 대전 이후 냉전 시대에서, 미국과 소련 어느 진영에도 속하지 않은 비동맹주의 국가를 가리킨다.

제2차 세계 대전 이후 독립국

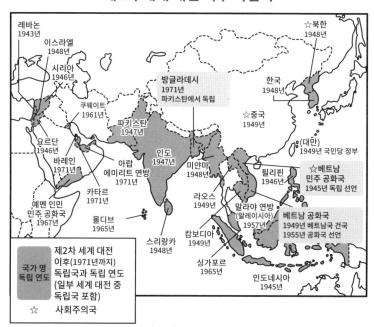

레바논
1943년

이스라엘
1948년

시리아
1946년

쿠웨이트
1961년

요르단
1946년

바레인
1971년

카타르
1971년

예멘 인민
민주 공화국
1967년

몰디브
1965년

방글라데시
1971년
파키스탄에서 독립

파키스탄
1947년

인도
1947년

아랍
에미리트 연방
1971년

미얀마
1948년

라오스
1949년

말라야 연방
(말레이시아)
1957년

스리랑카
1948년

캄보디아
1949년

☆북한
1948년

한국
1948년

☆중국
1949년

(대만)
1949년 국민당 정부

필리핀
1946년

☆베트남
민주 공화국
1945년 독립 선언

베트남 공화국
1949년 베트남국 건국
1955년 공화국 선언

싱가포르
1965년

인도네시아
1945년

국가 명 독립 연도	제2차 세계 대전 이후(1971년까지) 독립국과 독립 연도 (일부 세계 대전 중 독립국 포함)
☆	사회주의국

제3세력의 결집

1954년 4월 콜롬보 회의(반둥 회의 개최 선언)

1954년 6월 네루·저우언라이 회담(평화 오 원칙 확인)

평화 오 원칙 (1954년)

①영토·주권 존중

②상호 불가침

③내정 불간섭

④평등 호혜

⑤평화 공존

평화 십 원칙 (1955년) (반둥 정신)

①기본적 인권과 UN 헌장 존중

②모든 국가의 주권과 영토 존중

③모든 인권 및 국가의 평등 승인

④타국 내정 불간섭

⑤UN 헌장에 따른 개별·
집단적 자위권 존중

⑥대국의 특정 이익을 위해
집단 방위 결정을 이용하지 않을 것

⑦무력 침략 부정

⑧국제 분쟁 시 평화적 수단에 따른 해결

⑨상호 이익과 협력 증진

⑩정의와 국제 의무 존중

05 사회주의 중국과 한국 전쟁

1949년, 국공 내전에서 공산당이 승리하고 중화 인민 공화국이 성립되면서 사회주의권이 동아시아까지 퍼지자, 냉전 시대 위기의 중심은 아시아로 넘어갔습니다. 1950년, 북한군이 북위 38도선을 넘어 한국을 침공하며 **한국 전쟁**이 발발했습니다. 북한군은 한국 최남단에 위치한 대도시 부산까지 닥쳐왔습니다. 미국은, 공산당인 중화인민공화국과 국민당인 중화민국(대만) 중 어느 나라에 중국의 UN 대표권을 부여해야 하는지를 둘러싸고 일어난 다툼 때문에 소련이 결석한 UN 안전 보장 이사회에서, 북한을 침략자로 규정하는 결의를 채택하고 **UN군**을 조직해 참전했습니다. UN군은 북한군을 중국 국경 부근까지 몰아냈습니다.

그러자 이번에는 **중국 의용군**이 참전해 UN군을 38도선 부근까지 몰아내고, 양군이 38도선에서 대치하게 되었습니다. 그때를 기점으로 대만 해협에 미국의 제7함대가 파견되었고, 대륙 공산당과 대만 국민당의 대립도 고착되었습니다. 냉전이 격렬해지자, 세계적으로 맺어진 군사 동맹 또한 함께 움직였습니다. 미국군은 한때 원폭 사용도 고려했지만 국제 여론에 눌려 단념했습니다. 1953년, 한국 전쟁에는 휴전 조약이 체결되었습니다.

1962년에는 사회주의 국가였던 쿠바에 소련이 미사일(IRBM) 기지를 건설하려 하자, 미국이 철거를 요구하며 해상을 봉쇄했고, 미국과 소련의 핵전쟁이 일어날 것 같은 일촉즉발의 위기가 감돌았습니다(**쿠바 위기**). 양국은 냉전이 품은 핵전쟁의 위험을 인식하고, 냉전을 점차 완화하는 방향으로 진행했습니다. 하지만 중국은 강경 노선을 굽히지 않았고, 중소 논쟁이 더 심각해졌습니다.

키워드 중소 논쟁
소련 지도부의 '스탈린 비판', '평화 공존 노선 채택'이 발단이 되었다. 1969년에는 국경에서 무력 충돌까지 일어났다.

한반도 남북 분단의 경위

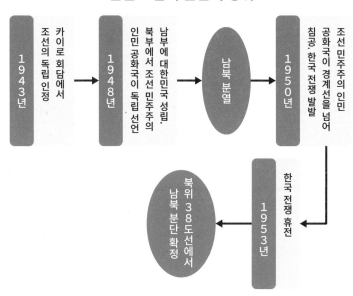

1943년
카이로 회담에서 조선의 독립 인정

1948년
남부에 대한민국 성립. 북부에서 조선 민주주의 인민 공화국이 독립 선언

남북 분열

1950년
조선 민주주의 인민 공화국이 경계선을 넘어 침공. 한국 전쟁 발발

1953년
한국 전쟁 휴전

북위 38도선에서 남북 분단 확정

동서의 대립이었던 한국 전쟁

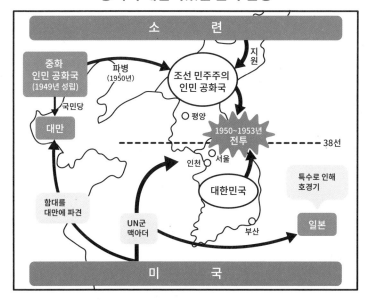

소 련

중화 인민 공화국 (1949년 성립)

파병 (1950년)

지원

조선 민주주의 인민 공화국

국민당

대만

○ 평양

1950~1953년 전투

38선

인천 ○ 서울

특수로 인해 호경기

함대를 대만에 파견

UN군 맥아더

대한민국

일본

부산

미 국

06 중동 전쟁

19세기 후반, 민족주의가 고양되면서 유대인 탄압의 움직임이 유럽에 퍼졌고, 팔레스타인에 민족 국가를 건설하려는 **시온주의 운**동이 거세졌습니다. 영국은 밸푸어(Balfour) 선언을 통해 그 운동을 지지했습니다. 제1차 세계 대전 이후, 팔레스타인을 실질적인 식민지로 삼으려던 영국의 주도로 유대인 이주가 진행되었고, 아랍인과 대립이 심각해졌습니다.

제2차 세계 대전 이후 1947년, UN 총회는 팔레스타인을 이분하는 안을 채택했습니다. 그다음 해, 영국군이 철거하자 유대인은 **이스라엘의 건국**을 선언했고, 아랍 국가들이 이스라엘을 공격하며 **제1차 중동 전쟁**이 일어났습니다. 영국과 프랑스가 이스라엘을 지원했고, 아랍 측의 분열도 일어나며 이스라엘 건국이 기정사실화되었습니다.

1953년, 이집트는 아스완 하이 댐(Aswan High Dam) 건설의 자금 원조 문제로 영미와 대립했고, 수에즈 운하를 국유화했습니다. 이 문제로 영국, 프랑스, 이스라엘이 출병하며 **제2차 중동 전쟁**이 발발했습니다. 2차 전쟁은 UN의 정전 결의와 소련이 이집트 지원 선언에 따라 정전에 이르렀습니다. 1967년에는 이스라엘군이 급작스럽게 군사 행동을 일으켰고, 6일간의 전투 끝에 시나이반도와 아카바(Aqaba)만을 점령했습니다. **제3차 중동 전쟁**이 발발했던 것이지요. 1973년이 되자 아랍에서 이스라엘을 기습했고, **제4차 중동 전쟁**이 일어났습니다. 아랍은 이스라엘을 지원하는 나라에 대해 원유 수출을 정지하거나 제한했고, 원유 가격을 인상하는 등 석유 전략을 펼쳤습니다. 이 전략은 제1차 석유 위기를 초래했습니다. 아랍이 여러 전투에 승리하며, 이스라엘의 불패 전설은 무너졌습니다.

키워드 밸푸어 선언

1917년, 영국의 밸푸어 외상이 팔레스타인에 유대인의 민족적 고향을 건설하는 것을 지지한 선언.

팔레스타인 문제의 배경(영국의 일구이언 외교)

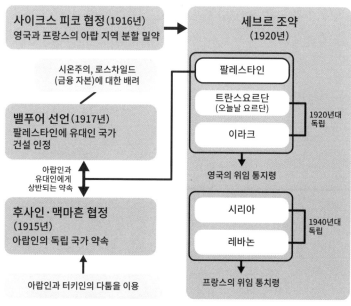

사이크스 피코 협정(1916년)
영국과 프랑스의 아랍 지역 분할 밀약

시온주의, 로스차일드
(금융 자본)에 대한 배려

밸푸어 선언(1917년)
팔레스타인에 유대인 국가
건설 인정

아랍인과
유대인에게
상반되는 약속

후사인·맥마흔 협정
(1915년)
아랍인의 독립 국가 약속

아랍인과 터키인의 다툼을 이용

세브르 조약
(1920년)

팔레스타인

트란스요르단
(오늘날 요르단)

이라크

1920년대
독립

영국의 위임 통치령

시리아

레바논

1940년대
독립

프랑스의 위임 통치령

중동 전쟁의 움직임

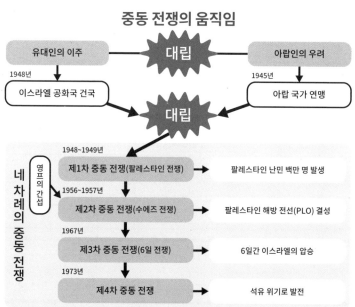

유대인의 이주

대립

아랍인의 우려

1948년

이스라엘 공화국 건국

1945년

아랍 국가 연맹

대립

네 차례의 중동 전쟁

영프의 간섭

1948~1949년
제1차 중동 전쟁(팔레스타인 전쟁) → 팔레스타인 난민 백만 명 발생

1956~1957년
제2차 중동 전쟁(수에즈 전쟁) → 팔레스타인 해방 전선(PLO) 결성

1967년
제3차 중동 전쟁(6일 전쟁) → 6일간 이스라엘의 압승

1973년
제4차 중동 전쟁 → 석유 위기로 발전

01 달러 위기와 석유 위기에서 시작된 세계 변동

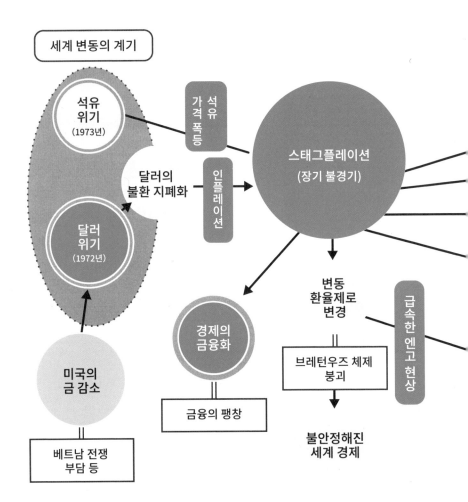

세계 변동의 계기

석유 위기 (1973년)

석유 가격 폭등

달러의 불환 지폐화

인플레이션

스태그플레이션 (장기 불경기)

달러 위기 (1972년)

미국의 금 감소

베트남 전쟁 부담 등

경제의 금융화

금융의 팽창

변동 환율제로 변경

브레턴우즈 체제 붕괴

급속한 엔고 현상

불안정해진 세계 경제

달러 위기로 금 본위제(금이 가치를 뒷받침하는 지폐 경제)가 무너졌고, 심각한 인플레이션이 일어났습니다. 이어서 석유 위기 때문에 발생한 디플레이션으로 인플레이션이 상쇄되며 스태그플레이션 상태가 되었습니다. 선진국의 기업은 저렴한 노동력을 찾아 개발 도상국으로 자본과 기술을 이전하는 다국적 기업으로 성장하는 한편, 신흥 공업국이 대두하게 되었습니다.

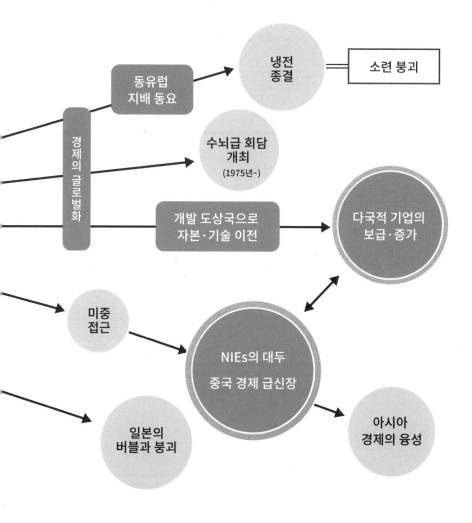

02 베트남 전쟁과 닉슨 쇼크

미국은 1960년대 '황금의 60년대'라 일컬을 정도로 번영의 시대를 구가했습니다. 하지만 일본이나 유럽 국가들이 경제를 눈부시게 부흥시키고, 한국 전쟁과 베트남 전쟁에 거액의 군사비용을 지출했으며 대기업이 다국적 기업으로 성장하면서 미국의 경제적 우위는 급속도로 무너지기 시작했습니다.

1954년 베트남 북부에 사회주의 정권이 탄생하자, 미국은 베트남 남부가 사회주의를 받아들인다면 동남아시아 전체에 그 영향이 퍼질 것이라는 **도미노 이론**을 세웠고, 1965년 북베트남을 폭격(북폭)한 후, **베트남 전쟁**에 전면적으로 개입했습니다. 병사 50만 명을 파견했지요. 한편 소련과 중국은 북베트남을 지원했습니다. 전쟁은 진흙탕 싸움이 되어갔지만, 결국 사회주의 정권이 남북을 통일하고 국가를 수립했습니다.

닉슨 쇼크는 1870년대 이후, 파운드에서 달러로 이어져 온 금 본위제가 붕괴하고 달러 지폐가 그 가치의 지지대를 잃은 세계사적인 사건입니다. 사건의 경위는 단기 투자가들이 대량의 달러 판매를 시작했고, 프랑스와 영국이 수중에 있던 달러와 금을 교환해 달라고 요구하며 미국의 수중에 있던 금이 바닥을 보인 것이었습니다. 1971년, 닉슨 대통령은 텔레비전 채널에 출연해 **금과 달러 교환을 정지**한다고 선언했습니다.

그 결과, 1973년에는 <u>변동 환율제</u>로 변경되었고, 국제 경제는 국가의 신용과 경제 상황으로 각국의 통화 가치가 결정되는 불안정한 상태에 빠졌습니다. 1980년대, 미국은 정부 기능의 축소와 감세를 골자로 하는 경제 정책을 세우며 **세계 최대의 채무국**으로 전락했습니다.

키워드 **변동 환율제**
환율을 고정하지 않고, 시장의 수요와 공급으로 변동시키는 제도.

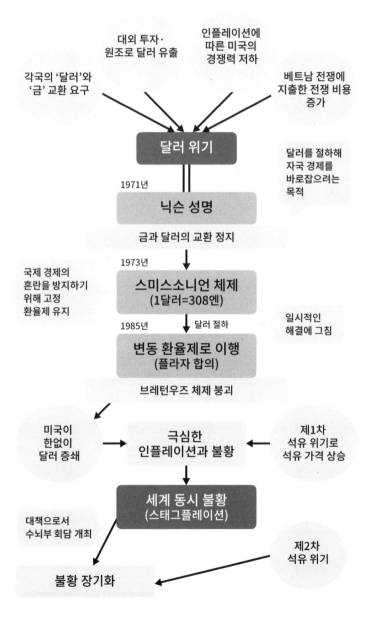

달러 위기와 세계 경제의 변동

각국의 '달러'와 '금' 교환 요구

대외 투자·원조로 달러 유출

인플레이션에 따른 미국의 경쟁력 저하

베트남 전쟁에 지출한 전쟁 비용 증가

달러 위기

달러를 절하해 자국 경제를 바로잡으려는 목적

1971년

닉슨 성명

금과 달러의 교환 정지

1973년

스미스소니언 체제
(1달러=308엔)

국제 경제의 혼란을 방지하기 위해 고정 환율제 유지

1985년 | 달러 절하

변동 환율제로 이행
(플라자 합의)

일시적인 해결에 그침

브레턴우즈 체제 붕괴

미국이 한없이 달러 증쇄

극심한 인플레이션과 불황

제1차 석유 위기로 석유 가격 상승

세계 동시 불황
(스태그플레이션)

대책으로서 수뇌부 회담 개최

제2차 석유 위기

불황 장기화

03 석유 위기와 경제의 세계화

　1960년대 이후, 선진 공업국과 개발 도상국의 경제 격차는 점점 더 벌어지고 있었습니다. 그런 심각한 경제 격차를 **남북문제**라고 합니다. 격차를 해소하기 위해, 1964년에 설립된 국제 연합 무역 개발 회의(UNCTAD)는 선진 공업국에 유리한 세계 무역의 **교역 조건**을 고치고, 새로운 경제 질서를 확립해야 한다고 주장했습니다. 자원 민족주의의 주장이 거세졌지요.

　1973년, 제4차 중동 전쟁이 일어나자 아랍 석유 수출국 기구(OAPEC)는 석유 가격을 단번에 인상함과 동시에 그 공급량을 줄이는 **석유 전략**을 발동했고, 선진 공업국의 경제에 심각한 영향을 초래했습니다. 이른바 **제1차 석유 위기**입니다.

　선진 공업국은 에너지 자원의 급격한 가격 상승으로 발생한 디플레이션에 타격을 입었고, 달러의 가치 하락과 합쳐진 스태그플레이션이라는 심각한 불황에 직면했습니다. 호황은 끝나고, 저성장의 시대로 전환되었지요. 또한 1979년에 이란 혁명이 일어나면서 혁명 정부가 석유 공급량을 줄이며 다시 석유 가격은 뛰어올랐습니다(**제2차 석유 위기**).

　이런 위기 속에서 아시아와 아프리카 국가들 중 '자원을 가진 나라'와 '가지지 못한 나라'의 격차가 커지며 **남남문제**가 발생했습니다. 한편 저렴한 노동력을 찾아 개발 도상국으로 자본과 기술이 대규모로 이전되었고, 글로벌(다국적) 기업이 증가했습니다. 1967년부터 1987년까지 다국적 기업의 해외 투자 잔고는 아홉 배로 증가했고, 미국에서는 국내 생산의 5분의 1이 해외로 이전했습니다. 일본도 같은 길을 걸었지요.

키워드 스태그플레이션
경기의 정체(Stagnation)와 인플레이션의 합성어. 불황인데도 물가가 끊임없이 상승하는 현상.

변동하는 세계 경제

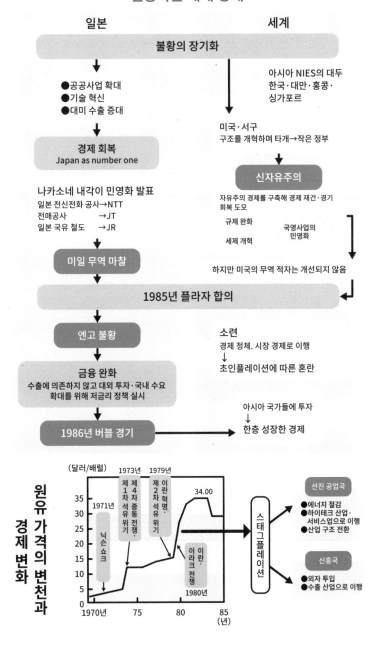

일본

세계

불황의 장기화

●공공사업 확대
●기술 혁신
●대미 수출 증대

아시아 NIES의 대두
한국·대만·홍콩·
싱가포르

경제 회복
Japan as number one

미국·서구
구조를 개혁하며 타개→작은 정부

신자유주의

나카소네 내각이 민영화 발표
일본 전신전화 공사→NTT
전매공사   →JT
일본 국유 철도   →JR

자유주의 경제를 구축해 경제 재건·경기
회복 도모

규제 완화   국영사업의
민영화
세제 개혁

미일 무역 마찰

하지만 미국의 무역 적자는 개선되지 않음

1985년 플라자 합의

엔고 불황

소련
경제 정체. 시장 경제로 이행
↓
초인플레이션에 따른 혼란

금융 완화
수출에 의존하지 않고 대외 투자·국내 수요
확대를 위해 저금리 정책 실시

아시아 국가들에 투자
↓
한층 성장한 경제

1986년 버블 경기

원유 가격의 변천과 경제 변화

(달러/배럴)

1971년 닉슨 쇼크

1973년 제1차 중동 전쟁. 제4차 석유 위기

1979년 이란 혁명. 제2차 석유 위기

34.00

이란·이라크 전쟁
1980년

35
30
25
20
15
10
5
0

1970년   75   80   85
(년)

선진 공업국
●에너지 절감
●하이테크 산업·
서비스업으로 이행
●산업 구조 전환

스태그플레이션

신흥국
●외자 투입
●수출 산업으로 이행

04 소련의 붕괴와 냉전 종결

1985년 소련 공산당 서기장에 취임한 고르바초프(Gorbachyov)는 부패한 체제나 경기 정체를 해결하기 위해 다방면에 걸친 체제 내 개혁(**페레스트로이카** (Perestroika), '재건'이라는 뜻)에 착수했고, 미국과 화해하고 군비를 축소했습니다. 하지만 이미 때는 늦어, 1989년에는 동유럽의 민주화가 고양되며 폴란드에서 '연대'가 중심이 된 내각이 발족했습니다. 동독일에서는 냉전의 상징이었던 **베를린의 벽이 무너졌고**, 체코슬로바키아에서는 '민족 포럼'이 정권을 쥐었으며, 루마니아에서도 독재 정권 대통령이 자리에서 내려왔습니다. 1990년, **동독일과 서독일이 통일**을 이뤘습니다.

이런 동유럽의 변화에 발맞춰 소련에서는 공산당에 따른 일당 독재에서 대통령제로 체제를 변경하고, 고르바초프가 대통령에 취임했습니다. 1991년 연방 해체를 눈앞에 두었을 때, 공산당 내부의 수구파가 일으킨 쿠데타가 실패로 돌아간 사건을 기점으로 소련에서 공산당이 해체되었습니다. 그해 말, 공화국 11개국으로 구성된 독립 국가 연합(CIS)이 성립하며 **소련은 역사의 뒤편으로 사라졌습니다**. 바르샤바 조약 기구도 해체되었습니다. 소련의 사회주의가 무너진다는, 누구도 예측하지 못한 대변동이 돌연 일어난 것이죠.

1989년 지중해 몰타섬에서 고르바초프와 미국의 부시 대통령은 **냉전의 종결**을 확인하고 몰타 선언을 발표했습니다. 몰타 선언은 양국에서 핵 군비 확충을 포기하겠다는 선언이기도 했습니다. 이렇게 한 시대가 끝을 고했습니다. 세계 경제와 국가 간 상호 의존 관계는 강해졌고, 지구촌의 네트워크가 활력을 띠게 되었습니다.

키워드 독립 국가 연합

소련의 해체 후 탄생한 공화국 11개국으로 구성된, 주권 국가의 자유로운 연합체.

소련의 해체

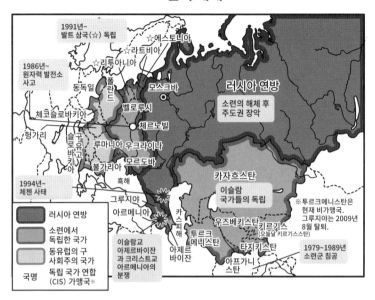

냉전 종결과 소련 해체의 흐름

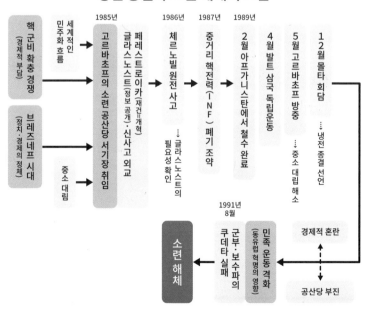

01 제국 체제에서 오늘날까지 확장된 공간

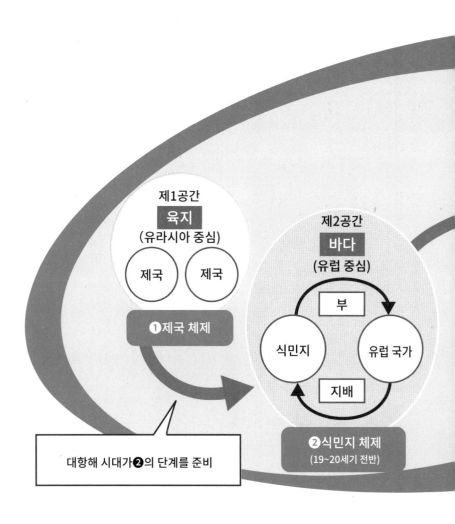

제1공간
육지
(유라시아 중심)

제국 제국

❶제국 체제

제2공간
바다
(유럽 중심)

부

식민지 유럽 국가

지배

❷식민지 체제
(19~20세기 전반)

대항해 시대가 ❷의 단계를 준비

세계사의 무대가 된 곳은 ①유라시아의 육지, ②세 개의 대양, ③1990년대 이후 만들어진 전자 공간입니다. ①은 제국 체제, ②는 식민지 체제, ③은 경제 만능 체제로 다다랐습니다. 오늘날은 ①의 유물인 아시아의 강권(強權) 국가, ②의 유물인 남북의 경제 격차를 이어받았고, ③의 경제 세계화로 그 격차가 점점 더 벌어지는 상황에 놓였습니다.

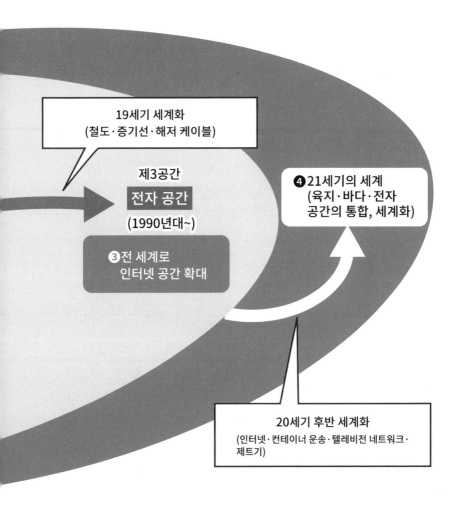

02 정보 혁명과 지구를 뒤덮은 전자 공간

컴퓨터가 보급되고 군용으로 개발된 <u>인터넷</u>이 민간용으로 바뀌며, 전 세계에 전자로 만들어진 정보 공간이 출현했습니다. 인터넷이 간선이 되어 전 세계에 정보 인프라가 정비되었습니다. **지구 전체를 뒤덮은 전자 공간**의 출현은, 대항해 시대에 필적하거나 그 시대를 뛰어넘는 공간 확대를 가져왔습니다. 그 네트워크 공간을 활용해 금융, 기상, 수확, 관광 등에 대한 정보가 고속으로 지구 공간을 오갔고, ATM, 휴대전화, 메일, 소셜 네트워크 등으로 구성된 복잡한 컴퓨터 공간이 형성되었습니다. 스마트폰에서 사물에 삽입한 소형 컴퓨터를 연동시키는 IoT(Internet of Things)나 전자 화폐 등, 인터넷 기술은 지금도 한창 개발되고 있습니다. 이런 육해를 잇는 전자 공간은 **가상공간**이기 때문에, 정보 처리 능력이 성장하면 더욱 커질 가능성을 품고 있습니다. 컴퓨터 가격은 30년 만에 처음 가격의 천분의 일 수준으로 낮아졌고, 정보 처리 능력은 1년 반마다 두 배씩 증가하고 있기 때문에 인터넷 공간은 앞으로도 끝없이 팽창할 것입니다.

오늘날 가장 뚜렷한 변화는 달러가 불환 지폐가 되고 변동 환율제로 변동되면서, **금융 네트워크가 비대해진 것**입니다. 통화, 주식, 채권, 상품 등에서 현실 세계 경제를 훨씬 뛰어넘는 수준으로 금융 거래가 이뤄지며 세계에서는 금융 우위 경제가 정착했습니다. 막대한 양의 금이 이동하며 경제를 불안정하게 만들었고, 돈을 벌 수 있는 기회가 줄어 평균 이윤율이 낮아지면서 자본주의 경제의 미래는 어두워지고 있습니다.

키워드 인터넷
컴퓨터·통신망 간 네트워크라는 뜻. 네트워크상에서 컴퓨터 공간이 생성된다.

확대된 '제3공간'

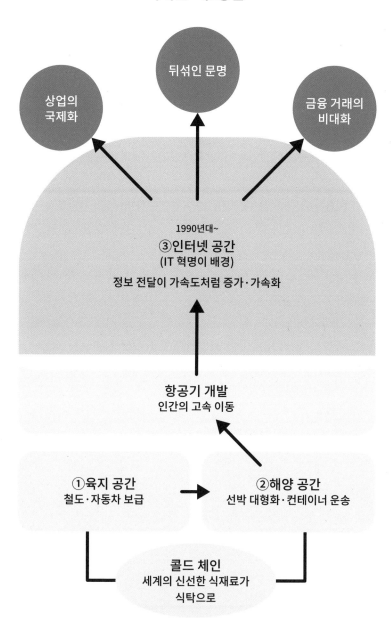

뒤섞인 문명

상업의
국제화

금융 거래의
비대화

1990년대~
③인터넷 공간
(IT 혁명이 배경)
정보 전달이 가속도처럼 증가·가속화

항공기 개발
인간의 고속 이동

①육지 공간
철도·자동차 보급

②해양 공간
선박 대형화·컨테이너 운송

콜드 체인
세계의 신선한 식재료가
식탁으로

03 아시아 NIES의 대두

1970년대 이후 스태그플레이션이라는 장기 불황이 이어지던 때, 국제 시장에서 선진 공업국의 기업 간 가격 경쟁이 치열해졌습니다. 선진 공업국에서는 국제 경쟁에서 이기기 위해, 저렴한 노동력을 획득하고 새로운 사업 기회를 노리려 주변 개발도상국으로 자본과 기술을 빠르게 이전했습니다. 기업이 국가의 틀을 넘어 **세계화**한 것이죠.

그때, 1985년 플라자 합의 후 급격한 엔고로 고생하던 일본 기업은 수출보다도 해외 투자를 하는 편이 유리해지면서 동아시아나 동남아시아에 대한 직접 투자를 늘렸습니다. 때마침 **IT 혁명**(정보 혁명)**의 시대**에 들어섰고, 아시아 국가들은 지역적 특성을 활용해 최첨단 디지털 기술을 훌륭히 받아들여 경제를 급성장시켰습니다.

정보 혁명의 파도는 한국, 대만, 싱가포르, 태국, 말레이시아의 공업을 급속도로 성장시켰고, 새롭게 NIES라 불리는 신흥 공업국과 지역이 출현했습니다. 그 여파는 경제 특구를 설정한 중국이나 베트남 등의 사회주의 국가에도 퍼졌고, 아시아 국가들은 세계 경제를 견인할 정도로 성장했습니다. 아시아 국가의 경제 성장은 구미 국가들이 만들어 놓은 경제 질서의 개혁이었으며, 세계사적으로는 아시아의 복권(復權)이기도 했습니다.

기업이 세계화되면서 경제 성장률이 낮은 성숙한 국가에서부터 높은 이윤을 기대할 수 있는 개발 도상국으로 자본이 이동한 예시는 이탈리아, 네덜란드, 영국, 미국과 자본이 이동한 과거의 역사를 보면 확실히 알 수 있습니다. 앞으로도 이 흐름은 늘어날 것으로 보입니다.

키워드 NIES

Newly Industrialized Economies의 약자. 신흥 공업 경제 지역이라는 뜻이다.

일본과 세계 경제의 움직임

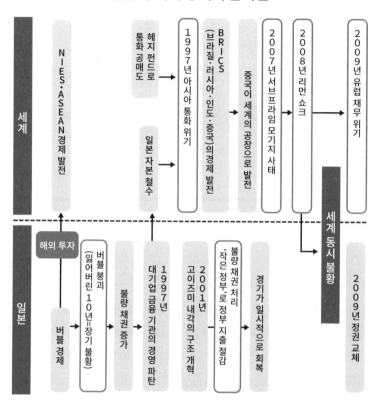

세계

NIES·ASEAN 경제 발전

통화 공매도로 헤지 펀드

1997년 아시아 통화 위기

일본 자본 철수

BRICS (브라질·러시아·인도·중국)의 경제 발전

중국이 세계의 공장으로 발전

2007년 서브프라임 모기지 사태

2008년 리먼 쇼크

2009년 유럽 채무 위기

일본

해외 투자

버블 경제

버블 붕괴 (잃어버린 10년=장기 불황)

불량 채권 증가

1997년 대기업 금융 기관의 경영 파탄

2001년 고이즈미 내각의 구조 개혁

·불량 채권 처리 ·'작은 정부'로 정부 지출 절감

경기가 일시적으로 회복

세계 동시 불황

2009년 정권 교체

ASEAN과 주요국의 GDP 추이

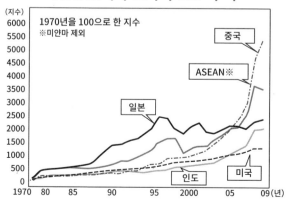

(지수)
6000
5500
5000
4500
4000
3500
3000
2500
2000
1500
1000
500
0

1970년을 100으로 한 지수
※미얀마 제외

중국
ASEAN※
일본
인도
미국

1970 80 85 90 95 2000 05 09(년)

210 - 211

04 EU와 경제 광역화

프랑스와 독일은 두 차례의 세계 대전 경험을 살려 1952년에 유럽 석탄 철강 공동체(ECSC)를, 1958년에는 유럽 경제 공동체(EEC)를 설립했습니다. 정치계가 주도하여 유럽 내에서 자본, 상품, 서비스, 노동력을 자유롭게 이동하면서 '유럽 복권(復權)'을 꾀했습니다. **광역화를 통한 경제 효과**를 추구한 것이지요. 이 움직임에 맞서 영국과 북유럽 국가들은 유럽 자유 무역 연합(EFTA)을 결성해 독자 노선을 걸었습니다.

1967년에는 유럽 공동체(EC)가 결성되었는데, 달러 위기와 석유 위기를 겪으며 경제의 세계화가 진행되었고, 유럽 시장을 확대하려는 목표를 세우게 되었습니다. 1973년에는 영국과 아일랜드, 덴마크가 가맹해 **확대 EC**가 되었고, 역내 12개국의 총생산은 미국을 웃돌면서 경제를 이끄는 두 번째 주자가 되었습니다.

그 후 마스트리흐트(Maastricht) 조약을 배경으로 1993년에는 재화, 서비스, 시장을 통합한 유럽 연합(**EU**)이 성립했습니다. 1999년에는 역내 단일 통화인 **유로**를 발행해 환율 변동으로 발생할 수 있는 위험을 제거하고 환율 수수료를 철폐했습니다.

냉전이 끝나자, 소련에서 탈퇴한 동유럽 국가들이 가입하며 가맹국은 28개국이 되었고, 유로 도입국은 19개국으로 증가했습니다. 미국의 대항 세력이될 것으로 기대되었지요. 하지만 그리스의 재정 적자 문제나 남유럽 국가들의경기 침체, 이민과 난민 문제 등이 발생하면서 EU는 흔들렸고, 2016년에는 영국이 국민 투표로 EU 탈퇴를 결정했습니다.

키워드 마스트리흐트 조약

1991년에 수뇌부 회의에서 합의. 유럽 시민권, 유럽 회의, 단일 통화 ECU의 창설이 내용이 되었다.

광역화된 경제권

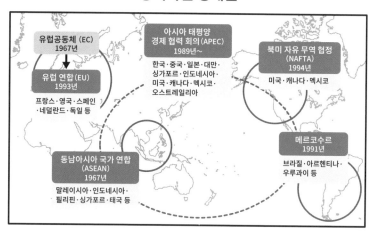

유럽공동체 (EC)
1967년

↓

유럽 연합(EU)
1993년

프랑스·영국·스페인
·네덜란드·독일 등

아시아 태평양
경제 협력 회의(APEC)
1989년~

한국·중국·일본·대만·
싱가포르·인도네시아·
미국·캐나다·멕시코·
오스트레일리아

북미 자유 무역 협정
(NAFTA)
1994년

미국·캐나다·멕시코

동남아시아 국가 연합
(ASEAN)
1967년

말레이시아·인도네시아·
필리핀·싱가포르·태국 등

메르코수르
1991년

브라질·아르헨티나·
우루과이 등

EC에서 EU로

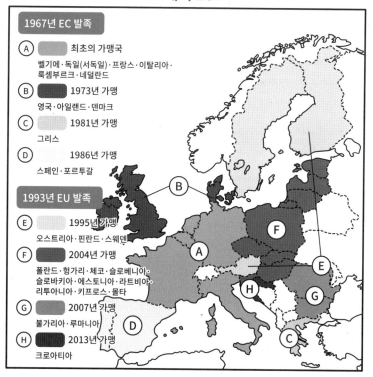

1967년 EC 발족

Ⓐ　　　최초의 가맹국

벨기에·독일(서독일)·프랑스·이탈리아·
룩셈부르크·네덜란드

Ⓑ　　　1973년 가맹

영국·아일랜드·덴마크

Ⓒ　　　1981년 가맹

그리스

Ⓓ　　　1986년 가맹

스페인·포르투갈

1993년 EU 발족

Ⓔ　　　1995년 가맹

오스트리아·핀란드·스웨덴

Ⓕ　　　2004년 가맹

폴란드·헝가리·체코·슬로베니아·
슬로바키아·에스토니아·라트비아·
리투아니아·키프로스·몰타

Ⓖ　　　2007년 가맹

불가리아·루마니아

Ⓗ　　　2013년 가맹

크로아티아

01 리먼 쇼크와 세계 경제의 변동

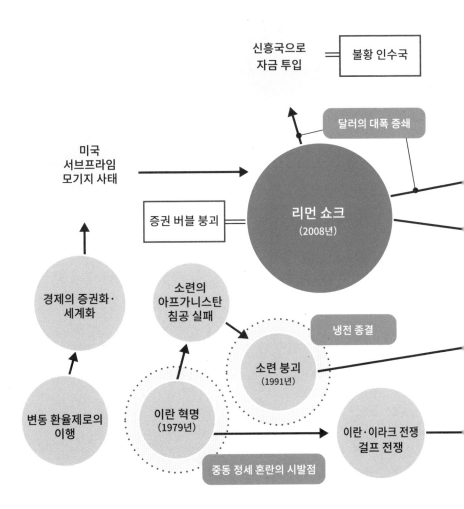

금융 제국으로 발전한 미국은 1990년대 이후, 금융의 인터넷화, 달러 증쇄, 경제 증권화를 주도했습니다. 하지만 리먼 쇼크로 전 세계에서 금융 공황이 발생했습니다. 달러의 대규모 증쇄와 더욱 진행된 경제 세계화, 중국 등 개발도상국의 버블로 심각한 상황은 벗어난 것으로 보이지만, 세계 경제의 미래는 아직 흐립니다.

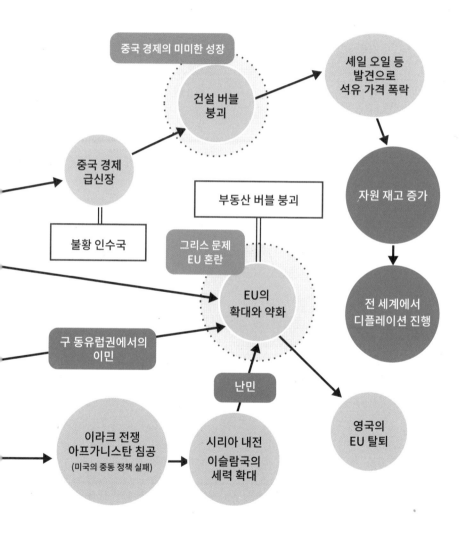

02 이란 혁명에서 걸프·이라크 전쟁으로

1979년, 이란에서는 친미 성향을 보였던 팔레비(Pahlevi) 왕조가 무너지고 공화정으로 바뀌며, 호메이니(Khomeini)를 최고 지도자로 추대한 복고적 시아파 정권이 수립했습니다(**이란 혁명**). 혁명이 일어나며 석유의 생산이 함께 감소해, 석유 가격은 1배럴당 30달러에서 40달러까지 치솟았습니다. 스태그플레이션이라 불리는 장기 불황이 이어지던 때, 공장들은 노동력이 저렴한 개발도상국으로 이전했습니다.

미국은 이라크에 최첨단 무기를 대여해 주며 **이란·이라크 전쟁**(1980~1988)으로 이란 정권을 무너뜨리려 했지만, 무기가 열악했던 이란이 예상보다 선전했습니다. 전쟁이 길어지며 양국의 재정이 악화되었습니다. 재정난에 시달린 이라크는 석유 자원이 풍부한 **쿠웨이트**에 침략해 합병을 꾀했습니다. 이라크의 침공에 대항해 1991년 미국이나 사우디아라비아 등 다국적 군대가 무력행사에 나섰고(**걸프 전쟁**), 쿠웨이트를 해방시켰습니다. 한편 소련은 이란 혁명이 자국의 이슬람 세계에 영향을 끼칠 것을 우려해 아프가니스탄에 침공했습니다. 미국은 파키스탄을 통해 무기를 원조했고, 탈레반이나 알카에다 등 과격파의 활동이 거세졌습니다. 2001년에 동시 다발 테러로 뉴욕의 세계 무역센터(WTC) 빌딩이 파괴되자, 미국은 2003년 **이라크 전쟁**을 일으켜 이라크를 점령했습니다. 사담 후세인(Saddam Hussein)을 처형하고 친미 정권을 수립했지요. 이라크에서는 다수를 점한 시아파, 쿠르드인, 내전 상태에 있는 시리아와 한패가 된 IS가 대두했고, 혼란 상태가 이어졌습니다.

키워드 IS

Islamic State(이슬람국)의 약칭. 2004년부터 활동한 수니파 이슬람 과격 조직 '이라크 알카에다'의 별칭이다.

중동 세계의 변동

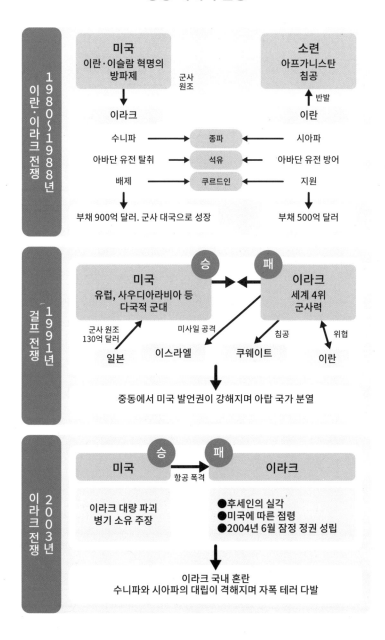

1980~1988년 이란·이라크 전쟁

미국	소련
이란·이슬람 혁명의 방파제	아프가니스탄 침공

군사 원조

이라크 ← → 이란 (반발)

수니파 → 종파 ← 시아파
아바단 유전 탈취 → 석유 ← 아바단 유전 방어
배제 → 쿠르드인 ← 지원

부채 900억 달러. 군사 대국으로 성장   부채 500억 달러

1991년 걸프 전쟁

승 / 패

미국	이라크
유럽, 사우디아라비아 등 다국적 군대	세계 4위 군사력

군사 원조 130억 달러
일본 → 미국

미사일 공격 → 이스라엘
침공 → 쿠웨이트
위협 → 이란

중동에서 미국 발언권이 강해지며 아랍 국가 분열

2003년 이라크 전쟁

승 / 패

미국 → (항공 폭격) → 이라크

이라크 대량 파괴 병기 소유 주장

● 후세인의 실각
● 미국에 따른 점령
● 2004년 6월 잠정 정권 성립

이라크 국내 혼란
수니파와 시아파의 대립이 격해지며 자폭 테러 다발

03 발흥하는 중국 경제

　중국에서는 1976년 마오쩌둥이 세상을 떠나며 문화 대혁명이 끝났고, 1978년에 권력을 탈취한 덩샤오핑(鄧小平)이 경제의 '**개혁 개방**'을 주장해, 싱가포르에서 배운 경제 특구를 설정했습니다. 경제 특구를 바탕으로, 중국 시장 진출을 세계 정책으로 택한 미국, 엔고에 골머리를 싸매던 일본의 기업이 앞다투어 중국에 진출했습니다. 중국은 농민의 저렴한 노동력을 이용해 '세계의 공장'으로 탈바꿈했습니다. 1989년, 중국 공산당은 소련의 사회주의가 쇠퇴하던 때 일어난 체제 변혁의 움직임을 무력으로 진압했습니다(천안문 사건). 그 후 **사회주의 도시 경제**라는 이름을 내걸고 세계 기업 유치와 수출 산업 하청, 건설 사업을 바탕으로 글로벌 경제 속에서 경제 성장을 추구했습니다. 그 사이에 도시와 농촌의 격차가 많이 벌어졌고, 관존민비의 풍조 속에서 업자와 유착하고 뇌물이 횡행해, 당 관료의 부정부패가 심각해졌습니다.

　2001년, 중국은 WTO(세계 무역 기구)에 가입해 EU와 미국을 대상으로 수출을 늘렸지만, 같은 해 IT 버블이 붕괴하면서 미국 수출이 둔화되었습니다. 연비율 16~17%로 성장하던 미국 수출이 수 퍼센트로 감소했지요. 중국 정부는 고용을 유지하기 위해 국내 투자 비율을 45%로 증가시켜 국가 주도의 경제 성장을 도모했는데, 2008년 리먼 쇼크가 일어나자 40조 원(元)이라는 거액을 투자해 내륙부의 인프라 정비(고속도로, 고속철도)나 도시 건설을 하러 움직였습니다. 건설할 물건이 쏟아지며 중국 경제는 GDP에서 일본을 뛰어넘었지만, 곧 건설 버블이 붕괴되며 중국을 괴롭게 만들었습니다.

키워드 WTO

1995년 발족한 GATT 대신, 세계 무역의 자유화와 질서 유지 강화를 도모한 국제기구.

중화 인민 공화국의 변천

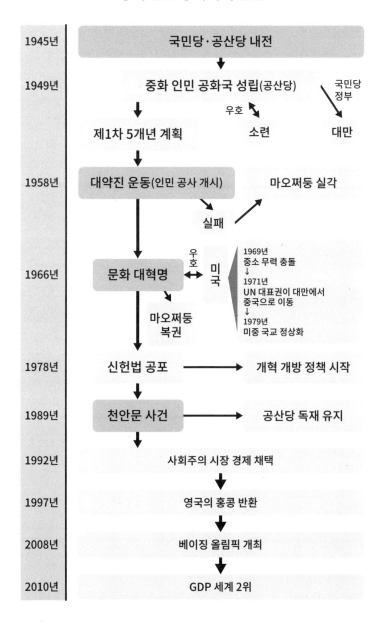

1945년	국민당·공산당 내전
1949년	중화 인민 공화국 성립(공산당) 국민당 정부
	제1차 5개년 계획 우호 소련 대만
1958년	대약진 운동(인민 공사 개시) 마오쩌둥 실각
	실패
1966년	문화 대혁명 우호 미국 1969년 중소 무력 충돌 ↓ 1971년 UN 대표권이 대만에서 중국으로 이동 ↓ 1979년 미중 국교 정상화
	마오쩌둥 복권
1978년	신헌법 공포 → 개혁 개방 정책 시작
1989년	천안문 사건 → 공산당 독재 유지
1992년	사회주의 시장 경제 채택
1997년	영국의 홍콩 반환
2008년	베이징 올림픽 개최
2010년	GDP 세계 2위

04 리먼 쇼크와 세계 경제의 미미한 성장

미국에서는 2000년대 초 IT 버블이 붕괴한 후, 경기를 회복시키기 위한 저금리 정책을 펼쳤습니다. 가난한 사람들 사이에서 주택 담보 대출을 받아 부동산을 구입하는 움직임이 강해지며, 이자가 높은 서브프라임 모기지론(Subprime mortgage loan) 대출이 증가했습니다. 금융사는 위험을 분산시키기 위해 서브프라임 모기지론을 소분했고, 다른 채권과 조합해 복잡하게 **증권으로 만들었습니다.** 그 증권에 대해 **신용 평가 회사**에서 'AAA' 평가를 받은 후, 전 세계에 매도했지요.

그런데 2008년, 대량의 서브프라임 모기지론의 회수 불능 사실이 표면에 드러나자 주택 버블이 붕괴했고, 전 세계에 매도한 증권의 가치에 의심을 품은 투자가들이 수중에 있던 증권을 급히 매도하며, 금융 공황이 일어났습니다. 증권 가격이 급락했고 증권사, 은행, 보험사가 큰 타격을 입었습니다. 그때, 전 미 4위 증권사였던 **리먼 브라더스**(Lehman Brothers)가 일본 국가 예산의 3분의 2에 달하는 부채를 안고 도산(리먼 쇼크)했습니다. 4대 투자 은행(증권사)도 모두 사라졌습니다. 증권 부도를 보장해 주리라 믿었던 '**신용 부도 스와프**'도 너무나 거액의 보증금을 물어주어야 했기 때문에 세계 최대의 보험사였던 **AIG가 파산**하고, 미국 정부가 국유화하며 소생시켰습니다. 결국 달러가 불환 지폐가 된 후 구축된 경제 시스템이 파국을 맞은 것이지요. 미국은 달러를 대량으로 증쇄하고, 증권으로 만들어진 경제를 그대로 유지하는 정책을 택했습니다. 불안정한 국제 경제가 계속되었습니다.

키워드 서브프라임 모기지론

미국의 금융 기관이 저소득층(서브프라임층)에게 대출해 준, 금리가 높은 주택 담보 대출.

리먼 쇼크에 이르게 된 과정

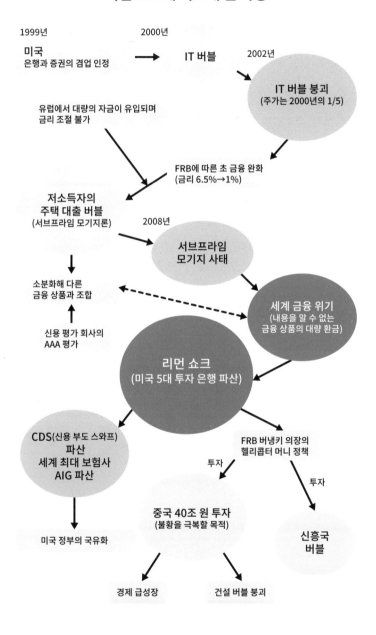

1999년

미국
은행과 증권의 겸업 인정

2000년

IT 버블

2002년

IT 버블 붕괴
(주가는 2000년의 1/5)

유럽에서 대량의 자금이 유입되며
금리 조절 불가

FRB에 따른 초 금융 완화
(금리 6.5%→1%)

**저소득자의
주택 대출 버블**
(서브프라임 모기지론)

2008년

**서브프라임
모기지 사태**

소분화해 다른
금융 상품과 조합

세계 금융 위기
(내용을 알 수 없는
금융 상품의 대량 환금)

신용 평가 회사의
AAA 평가

리먼 쇼크
(미국 5대 투자 은행 파산)

CDS(신용 부도 스와프)
**파산
세계 최대 보험사
AIG 파산**

FRB 버냉키 의장의
헬리콥터 머니 정책

투자

투자

미국 정부의 국유화

중국 40조 원 투자
(불황을 극복할 목적)

**신흥국
버블**

경제 급성장

건설 버블 붕괴

마지막까지 읽어주셔서 감사합니다.

눈치채신 분도 계시겠지만, 세계사를 이해하기 위해서는 대략적인 세계 지리를 함께 공부할 필요가 있기 때문에 세계 지리를 가능한 한 함께 조합해 본 서를 만들었습니다. 문자만으로 학습을 할 경우 추상적인 지식이 되어버려, 현실과 거리감이 생겨버리기 때문입니다.

글로벌 시대에서 기초적인 세계사의 흐름을 이해하는 것은 매우 중요합니다. 분야는 다르지만 알기 쉬운 예를 들어 보겠습니다.

최근에는 텔레비전 등에서도 빈번하게 나오는 기상도(일기도)는, 기상 위성이 촬영한 세계 구름의 흐름을 표현하는 그림으로 보고 있으면 매우 감동적입니다.

옛날 사람들은 한정된 지역에서 생활했고, 바람은 '신의 숨'이라든지 실체를 알 수 없는 외부 세계에서 온 현상이라 생각했습니다. 하지만 오늘날에는 기상도 덕분에 대기 순환이 전 세계의 '간선'이 되고, 각 지역에 숨을 불어넣는 바람은 그 '지선'이라는 것이 분명해졌습니다.

생각해 보면 세계 경제와 일본 경제, 국제 정치와 일본 정치의 관계도 이와 같습니다. 세계사와 일본사의 관계도 그렇지요.

저는 NHK 라디오와 텔레비전의 세계사 강좌, NHK 문화 센터, 아사히 컬처 센터, 도큐 BE 등의 공간에서 수험용이 아닌 세계사를 가르쳐 왔습니다. 그때 깨달은 점은 암기가 중심이 되는 수험 세계사의 속박에서 해방되면,

'세계사'는 사물을 이해하는 도구와 소재로 바뀌며 다양한 방면에서 이용할

수 있는 존재가 된다는 것이었습니다.

복잡한 현대 세계에서 살아간다는 건 매우 힘든 일입니다만, 그 힘든 세계를 살아가기 위해 기본적인 세계사를 어떤 방식으로든 활용해 주시면 좋겠습니다.

미야자키 마사카츠

10시간 만에 배우는
세계사

초판 1쇄 발행 2022년 8월 15일
초판 5쇄 발행 2024년 6월 17일

지은이 미야자키 마사카츠
역자 박현지
펴낸이 이효원
기획 및 편집 강산하
마케팅 추미경
디자인 별을 잡는 그물 양미정(표지), 기린(본문)
펴낸곳 탐나는책
출판등록 2015년 10월 12일 제 2021-000142호
주소 경기도 고양시 덕양구 삼송로 222, 101동 305호(삼송동, 현대헤리엇)
전화 070-8279-7311 **팩스** 02-6008-0834
전자우편 tcbook@naver.com

ISBN 979-11-89550-76-9 (03900)

이 책은 저작권법에 따라 보호받는 저작물이므로 무단전재와 무단 복제를 금지하며,
이 책의 전부 또는 일부를 이용하려면 반드시 저작권자와 도서출판 탐나는책의 동의를 받아야 합니다.

* 값은 뒤표지에 있습니다.
* 잘못된 책은 구입하신 서점에서 바꾸어 드립니다.